David Port

Wirtschaftsprüfung der Industrie 4.0

Wie Wirtschaftsprüfer die digitale Transformation bewältigen

Bibliografische Information der Deutschen Nationalbibliothek:

Die Deutsche Nationalbibliothek verzeichnet diese Publikation in der Deutschen Nationalbibliografie; detaillierte bibliografische Daten sind im Internet über http://dnb.d-nb.de abrufbar.

Impressum:

Copyright © Science Factory 2019

Ein Imprint der GRIN Publishing GmbH, München

Druck und Bindung: Books on Demand GmbH, Norderstedt, Germany

Covergestaltung: GRIN Publishing GmbH

Inhaltsverzeichnis

Inhaltsverzeichnis III

Abkürzungsverzeichnis V

Abstract VII

1 Einleitung 1

2 Digitalisierung als Paradigmenwechsel 3
   2.1 Definitorische Abgrenzung 3
   2.2 Entwicklung zur Industrie 4.0 4
   2.3 Technologische Treiber der Industrie 4.0 6
      2.3.1 Internet of things (IoT) 6
      2.3.2 Big Data 7
      2.3.3 Cloud Computing 8

3 Digitalisierungsbedingte Transformation der Wirtschaftsprüfung 9
   3.1 Wirtschaftsprüfung und Industrie 4.0 9
   3.2 Notwendigkeit der Transformation der Wirtschaftsprüfung 11
      3.2.1 Technologische Disruption von Prüfungsleistungen 11
      3.2.2 Veränderte Erwartungshaltung 15
      3.2.3 Relevanzerhalt 16
      3.2.4 Wettbewerbsfaktor 16
   3.3 Digitalisierung - Risiko und Chance 17

4 Digitalisierungsimmanente Veränderungen der Wirtschaftsprüfung 19

   4.1 Berufsbild 19

   4.2 Geschäftsausrichtung und Personalpolitik 21

   4.3 Marktstruktur 23

   4.4 Dienstleistungsportfolio 24

   4.5 Prüfungskonzipierung 26

5 Analyse ausgewählter kritischer Erfolgsfaktoren 29

   5.1 Rechtliche Befähigung und Umsetzung 29

   5.2 Digitalisierungsgrad des Mandanten 33

   5.3 Datenbeschaffung und Verarbeitung 35

   5.4 IT-Sicherheit und Datenschutz 39

   5.5 Vereinbarkeit mit Berufsgrundsätzen 40

   5.6 Überwindung klassischer Prüfungslimitationen 42

   5.7 Mögliche Vertrauens- und Missbrauchsproblematik 44

6 Entwicklung zur Wirtschaftsprüfung der Industrie 4.0 47

7 Fazit 51

Literaturverzeichnis 54

   Fachzeitschriften 54

   Internet Quellen 57

   Fachbücher 59

   Standards 61

Abkürzungsverzeichnis

Abs.	Absatz
AICPA	American Institute of Certified Public Accountants
allg.	allgemein
APAS	Abschlussprüferaufsichtsstelle
BDSG	Bundesdatenschutzgesetz
Big4	Ernst&Young, PwC, Deloitte, KPMG
BMBF	Bundesministerium für Bildung und Forschung
bpb	Bundeszentrale für politische Bildung
bspw.	beispielsweise
bzgl.	bezüglich
CAATs	Computer Assisted Auditing Techniques
DAWG	Data Analytics Working Group des IAASB
DIIR	Deutsches Institut für interne Revision
ERP	Enterprise-Resource-Planning
e.V.	Eingetragener Verein
EU-VO	Verordnung der Europäischen Union
f.	folgende
ff.	fortfolgende
ggf.	gegebenenfalls
Grds.	Grundsätzlich
HGB	Handelsgesetzbuch
IAASB	International Auditing and Assurance Standards Board
IDW	Institut der Wirtschaftsprüfer
IDW PS	IDW Prüfungsstandard
IIA	The Institute of Internal Auditors
IFAC	International Federation of Accountants
IKS	Internes Kontrollsystem

insb.	insbesondere
IoT	Internet-of-things
ISA	International Standards of Auditing
IT	Informationstechnik
i.d.R.	in der Regel
i.S.d.	im Sinne des/der
i.V.m.	in Verbindung mit
KMU	Kleine und mittelgroße Unternehmen
KPI	Key Performance Indicators
o.S.	Ohne Seitenzahl
Rn.	Randnummer
S.	Seite
s.	siehe
sog.	sogenannte
Tz.	Teilziffer
u.a.	unter anderem
u.U.	unter Umständen
Vgl.	Vergleiche
WP	Wirtschaftsprüfer
WpHG	Wertpapierhandelsgesetz
WPg	Die Wirtschaftsprüfung (Zeitschrift)
WPG	Wirtschaftsprüfungsgesellschaft
WPK	Wirtschaftsprüferkammer
WPO	Wirtschaftsprüferordnung
z.B.	Zum Beispiel

Abstract

The general goal of the propounded thesis is to evaluate the impact of digitalization on the field of auditing with a particular focus on auditors and financial statement audits. The German concept of 'Industrie 4.0' is used as an exemplified tendency of digitalization in industrial production to explain technological changes occurring in the client's business accounting and how they affect auditing. These changes underline the necessity of a digital transformation of audit in order to sustain and improve audit quality and efficiency in a changing environment as a well as to stay relevant to stakeholders of this industry. Continuous audit procedures and the use of data analytics are presented as the key progress that audit needs to deliver on to undergo a successful change. From this a variety of foreseeable changes are derived that constitute what audit will look like if this transformation occurs successfully for example with respect to the auditor's future competency profile and the audit market. However, several factors are explored such as regulation or issues around data acquisition and analysis that cannot directly be impacted by single auditors or auditing firms that therefore have a tremendous amount of influence towards allowing auditing to successfully complete this transformation. By applying the concept of audit-as-a-service (Kiesow 2016) to the challenges arising from 'Industrie 4.0' some of them are taken into consideration appropriately which goes to show that, though not all problems are dealt with yet, it provides an adequate starting point to transform audit. It represents one reasonable solution to the portrayed 'Industrie 4.0' scenario and provides an idea of what auditing in this field may look like in the future.

1 Einleitung

Eine bereits 2015 veröffentlichte branchenübergreifende Studie zum Einfluss der Digitalisierung auf die deutsche Wirtschaft kam zu dem Ergebnis, dass 55% der befragten Unternehmen als unmittelbare Konsequenz ihr Geschäftsmodell anpassen und immerhin 70% die Digitalisierung als eine große Herausforderung sehen.[1]

Das betriebliche Rechnungswesen der Unternehmen stellt diesbezüglich keine Besonderheit dar, da es durch zunehmende Vernetzung mit den Wertschöpfungsprozessen, Computerisierung und Automatisierung[2] ebenfalls vor signifikante Veränderungen gestellt wird. Da die originäre Aufgabe des Wirtschaftsprüfers in der Prüfung der bereitgestellten jahresabschlussrelevanten Informationen des Rechnungswesens besteht, ist die Annahme, dass die Prüfung im Besonderen aber auch die Wirtschaftsprüfungsbranche im Ganzen von diesen Entwicklungen massiv betroffen ist, naheliegend.

Eine dahingehend viel beachtete Studie zum US Arbeitsmarkt von Frey/Osborne (2013), in der eine Vielzahl an Berufen anhand der ausgeübten Tätigkeiten hinsichtlich ihres Risikos innerhalb der nächsten 20 Jahre im Zuge der Digitalisierung durch Computer substituiert zu werden bewertet wurden, errechnet für Wirtschaftsprüfer eine Wahrscheinlichkeit von 94 % und für deren Assistenten von 98 %.[3]

Dass derart verallgemeinernde Aussagen grundsätzlich kritisch zu sehen sind, ist fraglos zutreffend, dennoch verdeutlichen derlei Prognosen die potenziellen Auswirkungen einer fortschreitenden Digitalisierung der Wirtschaft auf die Wirtschaftsprüfung.

Im Rahmen dieser Arbeit soll daher am Beispiel der Industrie 4.0, als ein aus der Digitalisierung erwachsenes neues industrielles Produktionsparadigma, untersucht werden, welchen äußeren Einfluss eine Entwicklung der Mandanten in diese Richtung auf die Prüfung ausübt und wie dieser zu beurteilen ist.

---

[1] Vgl. Bitkom (2015)
[2] Vgl. Beyhs/Poymanov (2019), S. 19 f.
[3] Vgl. Frey/Osborne (2013), S. 1 f.

Es werden in der Industrie 4.0 genutzte, zentrale technologische Neuerungen auf ihren disruptiven Einfluss auf das Geschäftsmodell der Wirtschaftsprüfung hin untersucht und dadurch zwangsläufig entstehende Veränderungen sowie die Notwendigkeit einer ggf. anzustoßenden Transformation der Branche herausgearbeitet.

Davon ausgehend erfolgt die Ableitung und kritische Analyse maßgeblicher Erfolgsfaktoren einer solchen Transformation, sowie die Reflexion daraus resultierender Kernherausforderungen, die sich insb. für Prüfungsleistungen in einem derart gewandelten Geschäftsumfeld ergeben. Abschließend soll mit der Übertragung eines in der Literatur diskutierten erweiterten Geschäftsmodells auf die Anforderungen und Begebenheiten von Abschlussprüfungen in der Industrie 4.0 ein möglicher zukunftsfähiger Ansatz für Prüfungsleistungen und Prüfer in diesem veränderten Umfeld vorgeschlagen werden.

2 Digitalisierung als Paradigmenwechsel

2.1 Definitorische Abgrenzung

Der grundlegende Prozess der Digitalisierung besteht in der Überleitung von analogen Werten in digitale, zwecks elektronischer Speicherung, Übertragung und Verarbeitung.[4] Ein Spezifikationsansatz im Kontext wirtschaftlicher Wertschöpfung, erfolgt durch Wolf/Strohschen (2018), nach dem sich die Digitalisierung auf analoge Leistungserbringung bezieht, die in einem digitalen und computerisierten Modell ganz oder in Teilen ersetzt wird.[5] Somit erfasst der Begriff der Digitalisierung neben einer digitalen Umwandlung von Daten und Informationen auch die Computerisierung und Automatisierung von Geschäftsprozessen durch die Vernetzung von Informationen, Maschinen, Menschen und Technik.[6]

Darauf aufbauend beschreibt der Begriff der digitalen Transformation die im Zuge der Digitalisierung und des damit verbundenen Einsatzes neuer Technologien entstehenden Anwendungspotenziale. Solche bestehen im Wesentlichen in der revolutionierten Gewinnung von Daten und deren Austausch und Analyse sowie einer entsprechend deutlich erweiterten Befähigung zur Extraktion von Informationen.[7] Diese Informationen haben aufgrund ihrer Detailliertheit und Verfügbarkeit in Echtzeit[8] zum Einen eine besondere Relevanz hinsichtlich der Evaluation verschiedener Handlungsoptionen und den dadurch verbesserten Entscheidungsprozessen, zum Anderen aber auch für die Initiierung einer unter den Umständen optimalen Handlung.[9]

Die Digitalisierung ist dahingehend durchaus zutreffend als Paradigmenwechsel zu bezeichnen.

Erstens ist das durch die veränderten technischen Möglichkeiten vorliegende Nutzenpotenzial, bspw. im Hinblick auf Effizienzgewinne bei der Leistungserbringung, bereits jetzt für den Erhalt der Wettbewerbs-

---

[4] Vgl. Mertens et al. (2017), S. 35
[5] Wolf/Strohschen (2018), S.58
[6] Vgl. Hanschke (2018), S.3
[7] Vgl. Schallmo (2016), S.5
[8] Vgl. Beyhs/Poymanov (2019), S. 21
[9] Vgl. Hanschke (2018), S. 48

fähigkeit ganzer Branchen unabdinglich.[10] Dynamik, Agilität und die Effektivität der Informationsarchitektur der Unternehmen sind, in Bezug auf sich schnell verändernde Märkte und die rapide Entstehung neuer Märkte, wettbewerbsentscheidend.[11] Zweitens ist die Digitalisierung auch nicht umkehrbar.[12] Die zielgerichtete Applikation digitaler Technologien verbessert i.d.R. das Kosten-Nutzen-Verhältnis im Kontrast zu etablierten, bislang marktdominierenden nicht digitalisierten Vorgehensweisen und hat somit signifikantes Disruptions- und Verdrängungspotenzial.[13] Die so gegenüber Kunden realisierte Leistungssteigerung kann nicht ohne signifikante Einbußen von Marktanteilen rückgängig gemacht werden.[14]

Somit hat in Form der Digitalisierung eine kontinuierliche und unumkehrbare Entwicklung begonnen, in der sich der überwiegende Teil traditioneller Arten der Leistungserbringung erzwungenermaßen neu ausgerichtet müssen.

2.2 Entwicklung zur Industrie 4.0

Geprägt wurde der Oberbegriff der Industrie 4.0 im Rahmen der High-Tech Strategie des Bundesministeriums für Bildung und Forschung (BMBF), welche wiederum auf Umsetzungsempfehlungen eines diesbezüglich eingerichteten Arbeitskreises der Acatech (Deutsche Akademie der Technikwissenschaften) beruht.[15] Industrie 4.0 beschreibt aufbauend auf den ersten drei industriellen Revolutionen,[16] der Mechanisierung, der Massenproduktion und der Automatisierung, nunmehr die mit dem dargestellten Digitalisierungsprozess ermöglichte Vernetzung und Integration von Fertigungsprozessen und Informationstechnologie in eine selbstorganisierte industrielle Produktion.[17]

---

[10] Vgl. Hanschke (2018), S. 1
[11] Vgl. Wolf/Strohschen (2018), S. 57
[12] Vgl. Oswald/Krcmar (2018), S.7 f.
[13] Vgl. Oswald/Krcmar (2018), S.7 f.
[14] Vgl. Obermaier (2017), S. 5
[15] Vgl. BMBF (2013), S. 81
[16] Vgl. Pfeiffer (2015), o.S.
[17] Vgl. Zaeh (2018), S. 449

Besonders ist vor allem, dass diese industrielle Revolution – grds. gedacht als Strategie zur Sicherung des Produktionsstandorts Deutschland und dessen Vorbereitung auf die Zukunft[18] – a priori vorhergesagt und somit nicht erst ex-post beobachtet wird, sodass Unternehmen ihre Entwicklung aktiv in diese Richtung lenken können, um so den erwarteten massiven wirtschaftlichen Nutzen abzuschöpfen.[19]

Das zentrale Ziel der Industrie 4.0 besteht in der verbesserten Flexibilität bestehender Wertschöpfungsketten durch Maximierung der Transparenz von Beschaffungs- und Vertriebslogistik, Produktionsprozessen und Vermarktung, wie auch aller anderen Unternehmensbereiche, einschließlich des Rechnungswesens.[20] Herausragende Relevanz dafür besitzen insb. Informationen; die Ausgestaltung von Sammlung, Verfügbarkeit, Austausch und Analyse dieser stellt somit den Schwerpunkt der durch Industrie 4.0 angestoßenen Entwicklung dar.[21] Hierbei sind Sensoren/Aktoren,[22] die z.B. hinsichtlich der Überwachung des Zustands von Produktionsmaschinen, der Produktqualität, der Produktionskosten oder der Verifikation von Lagerort bzw. des Lieferungsfortschritts relevante Informationen in Echtzeit generieren, auch für das Rechnungswesen von besonderer Bedeutung.

Der ununterbrochene objektbezogene Austausch von Informationen zwischen Maschinen, Werksanlagen, kompletten Fabriken und weiteren Teilen der Wertschöpfungskette (auch lieferanten- und kundenseitig) und sogar dem Produkt selbst durch ein umfassendes Netzwerk,[23] ermöglicht stärker kontrollierbare und besser beeinflussbare Prozesse. So werden einerseits Geschäftsprozesse durch Automatisierung und Reduktion der Prozessschritte verbessert, da mit steigender Information Verzögerungen und Engpässe leichter vermieden werden können und gleichzeitig eine schnellere Auftragserfüllung und erhöhte kundenspezifische Individualisierung der Produkte realisierbar wird.[24] Andererseits werden die gleichen Prozesse vorausschauend steuerbar, da bspw. Sensoren Informationen

---

[18] Vgl. BMBF (2017), S. 17 f.
[19] Vgl. Hermann et al. (2015), S. 3
[20] Vgl. Dai/Vasarhelyi (2016), S. 1
[21] Vgl. ebd.
[22] Vgl. BMBF (2013) S. 95
[23] Vgl. Drath/Horch (2014), S. 3
[24] Vgl. Ematinger (2018), S. 11

zum Zustand von Fertigungsanlagen bereitstellen, um möglichen Ausfällen oder produktionsseitiger Mängel frühzeitiger entgegenzuwirken. Weiterhin werden präzise Bedarfsprognosen und somit optimierte Lagerbestände in die Produktionsplanung einbindbar.[25] Die Nutzbarmachung einer derartigen Integration von Daten in die Produktion bedingt die Entwicklung effektiver Methoden zur kontinuierlichen Datenanalyse. Die Extraktion von Informationen und deren sachgemäße Interpretation aus Daten, die innerhalb aller Bereiche der Wertschöpfungskette verfügbar werden, ist daher zentrale Herausforderung der Industrie 4.0.[26]

2.3 Technologische Treiber der Industrie 4.0

Die im Zuge der Digitalisierung entstandene Transformation zur Industrie 4.0 erfolgt zu einem signifikanten Teil im Rahmen der Nutzbarmachung neuer Technologien und Konzepte in den Geschäftsprozessen der Unternehmen. Einige technologischen Trends, welche diesen Wandel aufgrund ihrer vielseitigen Anwendungsmöglichkeiten maßgeblich beeinflussen und vorantreiben, werden im Folgenden komprimiert dargestellt.

2.3.1 Internet of things (IoT)

Das bildhafte Bezeichnung des Internets der Dinge liefert eine präzise Umschreibung des revolutionierenden Kernaspekts der Industrie 4.0, der Vernetzung von Gegenständen.[27] Bis zur Entstehung dieses Konzepts existierten Gegenstände, egal ob im privaten oder industriellen Gebrauch, überwiegend isoliert voneinander und wurden oftmals, wenn überhaupt, nur durch externe Steuerungssysteme oder von Hand durch Menschen zueinander in Verbindung gesetzt.[28] Im Internet der Dinge sammeln Gegenstände Informationen nicht nur über sich und deren Umwelt, sondern treten über drahtlose Verbindungen in einem Netzwerk mit anderen Gegenständen in eine Interaktion und einen Datenaustausch.[29] Gegenstände sind dabei nicht nur auf Maschinen oder Produktionsanlagen beschränkt, sondern können sämtliche im Wertschöpfungsprozess

---

[25] Vgl. Ematinger (2018), S. 10
[26] Vgl. Dai/Vasarhelyi (2016), S. 1
[27] Vgl. Zaeh (2018), S. 449 f.
[28] Vgl. Oswald/Krcmar (2017), S. 20 f.
[29] Vgl. König/Graf-Vlachy (2017) in Obermaier (Hrsg.), S. 53

benötigten Objekte darstellen, bis hin zu unfertigen Erzeugnissen oder Werkzeugen.[30] Für die Industrie 4.0 besteht in derartigen IoT Infrastrukturen, in denen Unternehmensressourcen selbstständig und kontinuierlich untereinander Informationen zu Status, Umwelt, Produktionsprozess und Wartung kommunizieren,[31] signifikante Potenziale im Hinblick auf die betriebliche Leistungserbringung. Als solche sind vornehmlich die Verbesserung von Planung und Wertschöpfungsstrukturen in und um Fabriken, sowie die Optimierung und Automatisierung von Produktionsprozessen anzuführen.[32]

2.3.2 Big Data

Einerseits resultierend aus dem kontinuierlichen und gleichzeitig massenhaften Datenaustausch sowie einer Vielzahl verschiedener Datenquellen innerhalb IoT-integrierten Wertschöpfungsketten der Industrie 4.0 und andererseits bedingt durch die Zuhilfenahme externer Datenquellen, bspw. sozialer Medien, wird unter dem Begriff Big Data eine kaum überschaubare Masse an Daten zusammengeführt.[33]

Diese lassen sich anhand von ‚3 Vs' charakterisieren: ‚Volume, Variety und Velocity'.[34] ‚Volume' beschreibt dabei die Masse der gespeicherten Daten für Bearbeitung und Analyse,[35] ‚Variety' den Umstand der strukturellen Heterogenität der Datenbestände, auch bzgl. deren variabler Herkunft und ihres Formats[36] und ‚Velocity' die für die Erzeugung, Übertragung, Verarbeitung und Auswertung notwendige Geschwindigkeit.[37]

Eine in dieser, durch die 3 V's beschriebenen, schwer zugänglichen Form vorliegende Datensammlung liefert für sich genommen jedoch keinen Mehrwert. Ihr tatsächliches Potenzial kann erst durch die aktive Einbindung in die Steuerung von Entscheidungsprozessen erschlossen werden, was wiederum zunächst die Entwicklung sog. Data Analytics erfordert.[38]

---

[30] Vgl. König/Graf-Vlachy (2017) in Obermaier (Hrsg.), S. 54
[31] Vgl. Dai/Vasarhelyi (2016), S. 6
[32] Vgl. Oswald/Krcmar (2017), S. 20
[33] Vgl. Appelbaum (2017), S. 4
[34] Vgl. u.a. Gandomi/Haider (2014), S.138
[35] Vgl. Oswald/Krcmar (2017), S. 16 f.
[36] Vgl. Gandomi/Haider (2014), S.138
[37] Vgl. Oswald/Krcmar (2018), S. 16 nach Rossman et al.
[38] Vgl. Gandomi/Haider (2014), S. 140

Diese können vermehrt aus sich schnell verändernden, höchst diversen und unstrukturierten, umfangreichen Datenbeständen entscheidungsnützliche Informationen extrahieren und aufbereiten. Big Data bezieht sich daher konsequenterweise nicht nur auf die Daten selbst, sondern auch auf die dahinterstehenden Methoden der Datenanalyse.

2.3.3 Cloud Computing

Der letzte in Bezug auf die Thematik zu erläuternde technologische Trend besteht in der zunehmenden Verwendung von Cloud Computing. Cloud Computing ist dabei als grundlegende Technologie für die Umsetzbarkeit der erwähnten Charakteristika der Industrie 4.0 zu verstehen, der hohen Vernetzung des IoT einerseits und der darauf aufbauenden automatisierten Organisation von Produktionsprozessen andererseits.[39] Cloud Computing Services sind i.d.R. von Drittbetreibern angebotene IT-Dienstleistungen, die sowohl in Form von Infrastruktur (der Zurverfügungstellung von Rechenleistung und Speicherkapazitäten), Software (dem Zugriff auf cloudbasierte Applikationen) und Plattform (die Möglichkeit eigens entwickelte oder gekaufte Software in Cloud-Strukturen zu betreiben), angeboten werden können.[40]

Sie eignen sich im Kontext der Industrie 4.0 besonders für zentrale Speicherung, Verwaltung, Auswertung von Daten, sowie den zentralen Zugriff auf die IoT Komponenten.[41] Dazu sei erwähnt, dass sich die Zentralität lediglich auf die Verwendung bezieht, während die tatsächliche Infrastruktur i.d.R. dezentral und verteilt ist. Cloud Computing dient als Infrastruktur der Bestrebungen im Rahmen der Industrie 4.0[42] und erlaubt den Unternehmen, die bei dieser Entwicklung anfallenden Investitionen in IT-Infrastruktur und IT-Lösungen, im Vergleich zu selbst bereitgestellten Lösungen, auf einem angemessenen Niveau zu halten und gleichzeitig Leerkosten, da Kapazität im Cloud Computing bedarfsorientiert zur Verfügung gestellt wird, und Personal- und Betriebskosten zu reduzieren.[43]

---

[39] Vgl. Fallenbeck/Eckert (2017) in: Vogel-Heuser et al. (Hrsg.), S. 142 f.
[40] Vgl. Oswald/Krcmar (2018), S. 14 f.
[41] Vgl. Fallenbeck/Eckert (2017) in: Vogel-Heuser et al. (Hrsg.), S. 139
[42] Vgl. Kollmann/Schmidt (2016), S. 43
[43] Vgl. Oswald/Krcmar (2018), S. 15

3 Digitalisierungsbedingte Transformation der Wirtschaftsprüfung

Nachdem nun die einführende Darstellung der digitalisierungsgetriebenen Entwicklung zur Industrie 4.0, inkl. deren Eigenschaften, Prinzipien und Technologien, erfolgt ist, soll die Beziehung dieser tiefgreifenden Veränderungen zur Wirtschaftsprüfung dargestellt werden.

3.1 Wirtschaftsprüfung und Industrie 4.0

Die Entwicklung zur Industrie 4.0 ist nicht isoliert in Bezug auf die Industrie an sich zu betrachten, sondern übt auch erheblichen Einfluss auf die Intermediäre zu den Kapitalmärkten aus. Als solcher[44] muss der Wirtschaftsprüfer den disruptiven Charakter der Veränderungen im Unternehmensumfeld seiner Mandanten sowie die Entstehung neuer und den Wandel bestehender Geschäftsmodelle verstehen.[45] Gerade dies stellt nicht zuletzt i.S.d. § 38 Abs. 3 der Berufssatzung der WPK i.V.m. § 57 Abs. 3 WPO eine Grundvoraussetzung einer angemessenen Auditierung dar.

Ziel der von der Wirtschaftsprüfung durchgeführten Jahresabschlussprüfungen ist gem. IDW PS 200 Rn. 8 f. die Beurteilung und Bestätigung von Rechnungslegungsinformationen mit hinreichender Sicherheit. Diese grundlegende Aufgabe verdeutlicht auch die Problematik, die sich der Wirtschaftsprüfung im Umfeld einer Industrie 4.0 stellt, da diese die Anforderung eines extensiven Verständnisses von Geschäftsmodell, sowie Kontroll- und Rechnungslegungsprozess beinhaltet.

Fortschreitend automatisierte Rechnungslegungsprozesse in einem solchen Umfeld, bspw. hinsichtlich Erfassung und Verarbeitung buchungsrelevanter Daten, sind dem eigentlichen Rechnungswesen prozessual zunehmend vorgelagert,[46] was konsequenterweise bedeutet, dass diese komplexeren und hoch integrierten Systeme prüferseitig deutlich relevanter werden.[47]

Die Problematik setzt sich in den Bestimmungen des IDW PS 330 fort.[48]

---

[44] Vgl. Leyens (2017), S. 3
[45] Vgl. Burg et al. (2017), S. 122 f.
[46] Vgl. Zaeh (2018), S. 451
[47] Vgl Deutsch (2019), S. 501
[48] Burg et al (2017), S. 127

So wirft bspw. Rn. 8 die Frage auf, wie der Prüfer weiterhin vor der Annahme eines Prüfauftrags sicherstellen kann in der Lage zu sein sich ein zutreffendes Bild von mandantenseitigen IT Systemen zu machen, wenn diese durch Cloud Computing zunehmend unternehmensweit miteinander verknüpft sind und eine Vielzahl neuer Systeme und IoT Komponenten beinhalten.

Subsumiert steht angesichts dieser Entwicklungen mit der Frage, wie die Mandantenbeziehung auf Augenhöhe fortgesetzt werden kann, einerseits die Drohung eines massiven Relevanzverlustes der Branche als Ganzes,[49] andererseits aber auch die extrinsische Motivation die Prüfung zu transformieren und somit die Relevanz in zunehmend komplexen Geschäftsmodellen[50] zu behaupten und auszubauen, im Raum. Dazu allerdings muss die Tätigkeit der Wirtschaftsprüfung um die mit der Digitalisierung einhergehenden technischen Möglichkeiten erweitert werden und so, Mehrwerte innerhalb der Prüfung geschaffen sowie neue Dienstleistungen am Markt implementiert werden.[51]

Dies erfordert von der Wirtschaftsprüfungsbranche, eine grundlegende und kontinuierliche Beschäftigung mit der Digitalisierung einerseits und andererseits, entscheidender noch, deren Applikation innerhalb der Prüfungsprozesse, in geeigneter Weise.[52] Andernfalls verliert die Branche den Anschluss, an die fortschreitende digitale Innovation ihrer Mandanten, was schon in der Natur der Sache zu einer Abnahme der Prüfungsqualität und erzielbarer Prüfungssicherheit führen würde. Ebenfalls würde der zur Aufrechterhaltung der Prüfungsqualität notwendige Mehraufwand innerhalb der Prüfung dem Wirtschaftlichkeitsgrundsatz des IDW PS 200 Rn. 9 entgegenstehen.

Mit der Entwicklung seiner Mandanten zum angedachten Sollzustand der Industrie 4.0 bietet sich dem Prüfer nunmehr auch die Chance, seinerseits die einhergehenden technologischen Möglichkeiten zu nutzen, um den Zugriff in Echtzeit auf eine Vielzahl prüfungsrelevante Informationen[53]

---

[49] Vgl. Göttsche et al. (2018), S. 401
[50] Vgl. Alles et al. (2008), S. 2 f.
[51] Vgl. Rega/Teipel (2016), S. 39
[52] Vgl. Göttsche et al. (2018), S. 403
[53] Vgl. Arbeitskreis Externe u. Interne Überwachung der Unternehmung (2017), S. 326

und die Automatisierung[54] repetitiver Prüfungsschritte mit geringem Ermessensspielraum, in zeitnaher, effizienter, genauerer und qualitativ hochwertiger Prüfung und in erweiterten Beratungsdienstleistungen zu bündeln.[55]

Der Einsatz solcher Technologien ist zuletzt nicht nur auf die Leistungserbringung beschränkt, da eine entsprechende Implementierung in die prüfereigenen Gesellschaftsstrukturen ebenfalls Effizienzsteigerungspotenzial verspricht.[56]

3.2 Notwendigkeit der Transformation der Wirtschaftsprüfung

3.2.1 Technologische Disruption von Prüfungsleistungen

Die technologische Disruption in den Geschäftsmodellen der Mandanten kann für den WP nicht folgenlos sein. Die Integration von Cloud Computing, IoT und unternehmensexternen Informationsquellen (Teil von Big Data) in die Systeme und Entscheidungsprozesse der Mandanten, liefert auf der einen Seite eine Vielzahl an Möglichkeiten der Nutzbarmachung in der Prüfung durch umfassende datenanalytische Verfahren (sog. Data Analytics), verdeutlicht auf der anderen Seite aber auch die Notwendigkeit für die Wirtschaftsprüfung, sich in eben diese Richtung weiterzuentwickeln.[57]

Generell besteht für den WP bei Jahresabschlussprüfungen das Risiko in der Erteilung eines unrichtigen Bestätigungsvermerks, also eines uneingeschränkten Bestätigungsvermerks trotz wesentlicher Falschangaben.[58] Daher verlangt der risikoorientierte Prüfungsansatz eine Beurteilung – insb. risikobehafteter Rechnungslegungsbereiche – mithilfe angemessener Prüfungshandlungen, auf Basis derer wesentliche Fehler mit hinreichender Sicherheit ausgeschlossen werden können.[59]

---

[54] Vgl. Kompenhans/Wermelt (2019), S. 45
[55] Vgl. Burg et al. (2017), S. 123
[56] Vgl. Amschler (2017), S.119
[57] Vgl. Appelbaum et al. (2017), S. 1
[58] Vgl. Beck Bil-Komm/Schmidt HGB § 317, Rn. 108 f.
[59] Vgl. IDW PS 200 Rn. 9

Allerdings sind solche Prüfungen in der Industrie 4.0, vor allem aufgrund der aus IoT und Big Data resultierenden Datenmengen, trotz bzw. in Folge des unbestreitbaren Informationszuwachses, mit diesem traditionellen Prüfungsansatz in Zukunft nicht länger wirtschaftlich zu bewältigen.[60] Diesbezüglich tragen etwa die stichtagsbezogene Feststellung des Ist-Zustands durch „Funktions- und Wirksamkeitsprüfung der rechnungslegungs-relevanten Teile des IKS"[61] durch Vorprüfungen weder der Dynamik und Komplexität der digitalisierten und automatisierten Geschäftsprozesse, noch der Schnelllebigkeit und Verfügbarkeit der Informationen[62] ausreichend Rechnung.

Um eine hinreichende Sicherheit angesichts veränderter mandantenseitiger Begebenheiten ohne massiv erhöhten Aufwand dennoch weiterhin sicherstellen zu können, ergibt sich, wie im weiteren Verlauf dargestellt wird, das Erfordernis kontinuierlicher Prüfungen (Continuous Audit)[63] und einer Implementierung von Data Analytics.[64]

Da die Industrie 4.0, bzw. die Informationsarchitektur eines entsprechenden Mandanten den Einsatz derartiger moderner Datenanalyseverfahren zulässt, bieten sich dem Prüfer diverse Einsatzmöglichkeiten in Bezug auf die Prüfung. Zunächst ist die Möglichkeit vollständiger Analysen, also von 100 % der Transaktionen, selbst innerhalb großer (wachsender), Population anzuführen,[65] die eine enorme Erweiterung im Vergleich zu der Prüfung von Stichproben, bei gleichzeitiger Sicherstellung hoher Prüfungsqualität darstellen.[66] Weiterhin sind derartige Massendatenanalysen nicht nur eine Antwortmöglichkeit im Hinblick auf steigende Datenmengen, sondern erlauben auch die prüferische Beurteilung identifizierter Fehlerrisiken.[67] Da auch KMU, im Kontext Industrie 4.0, stark wachsende Datenmengen und Prozesskomplexität verzeichnen, aber der diesbezügliche Ausbau des IKS oftmals nicht in gleicher Geschwindigkeit erfolgt, kann

---

[60] Vgl. Kempf (2017), S. 1300 f.
[61] Vgl. Zaeh (2018), S. 451
[62] Vgl. Dai/Vasarhelyi (2016), S. 5
[63] Vgl. Byrnes et al. (2014), S. 97 f.
[64] Vgl. Lieder/Goldshteyn (2013), S. 588 f.
[65] Vgl. Lieder/Goldshteyn (2013), S.594
[66] Vgl. Tönsgerlemann/ Reutter (2019), S.41
[67] Vgl. Kiesow (2016), S.710

der Prüfer mithilfe dieser Analysen z.B. eine sehr präzise Einschätzung erlangen, inwieweit etwaige Kontrollschwächen (etwa im IT-Berechtigungskonzept) letztendlich Transaktionsdaten tatsächlich beeinflusst haben.[68]

Process Mining ist die Bezeichnung einer weiteren, prüferseitig disruptiven Technologie, die bestimmte ‚analoge' Prüfungshandlungen, so etwa die Durchführung von Interviews und Befragungen, weitestgehend überflüssig macht und so weiteres Effizienzpotenzial besitzt.[69] Als datenanalytisches Tool erlaubt Process Mining die Visualisierung einzelner mandantenseitig durchgeführter Arbeitsschritte in Bezug auf end-to-end Geschäftsprozesse, anhand der im ERP-System des Mandanten vorliegenden Daten und somit die Identifizierung risikobehafteter Abweichungen von definierten Standardprozessen.[70] So zeigt Ruhnke (2019) bspw., wie stark diese Abweichungen vom Soll-Ablauf in den Unternehmen tatsächlich ausfallen können und wie solche Prozessanalysen für den Prüfer in Anbetracht zunehmender Komplexität zu Prozessverständnis und Kontrollrisikobeurteilung beitragen können.[71]

Auch bieten die softwaregestützten Data Analytics den Vorteil, dass sie ein hohes Automatisierungspotenzial besitzen, da nach anfänglicher Anpassung der Parameter an die Begebenheiten des Mandanten, Analysen beliebig oft und auch kontinuierlich wiederholt werden können.[72]

Neben der Analyse interner Unternehmensfaktoren ist auch die Analyse gesamtwirtschaftlicher Rahmenbedingungen des Mandanten anzuführen.[73] Hier liefert die Tatsache, dass im Rahmen von Big Data auch unternehmensexterne Daten gesammelt werden, erhebliche Vorteile in Bezug auf die Identifikation von Geschäfts- und Betrugsrisiken und die Bildung einer Erwartungshaltung. (z.B. Entwicklung der Umsatzerlöse) Auch für die Going Concern Beurteilung[74] nach § 252 Abs. 1 Nr. 2 HGB i.V.m. IDW PS 270 Rn. 4., die naturgemäß durch eine Vielzahl „unterschiedlicher

---

[68] Vgl. Lieder/Goldshteyn (2013), S.594
[69] Vgl. Adelmeyer/Teuteberg (2016), S. 701
[70] Vgl. Deutsch (2019), S.498
[71] Vgl. Ruhnke (2019), S. 66
[72] Vgl. Lieder/Goldshteyn (2013), S. 594
[73] Vgl. Lieder/Goldshteyn (2013), S. 589
[74] Vgl. Ruhnke (2017), S. 424

Faktoren und deren Beziehung zueinander"[75] bedingt ist, besteht eine hohe Relevanz.

Des Weiteren lässt Big Data kombiniert mit sog. Predictive Analytics, also prognostizierenden Datenanalysen, eine verbesserte Bezifferung von Schätzwerten zu. Ein Anwendungsbeispiel hierfür ist die prüferische Beurteilung der zukünftigen Entwicklung von Gewährleistungsansprüchen gegen den Mandanten, etwa durch Auswertungstools, die soziale Netzwerke analysieren,[76] die häufig durch Endverbraucher im Falle etwaiger Probleme etc. zum Austausch genutzt werden.

Auch der Aspekt verbesserter Möglichkeiten im Bereich Cloud Computing zeichnet sich durch seine disruptive Wirkung auf das Geschäftsmodell der Wirtschaftsprüfung aus. Hinsichtlich der erläuterten Data Analytics erlaubt Cloud Computing die mandatsübergreifende Verbesserung und Standardisierung dieser[77] durch Bündelung der Erfahrungswerte und Anwendungsmethoden mehrerer (u.U. branchenspezifischer) Mandate einer WPG. Doch die Möglichkeiten der Verwendung von Cloud Computing innerhalb der Branche als Ganzes sind vielfältiger. Das Outsourcing von IT-Infrastruktur an Cloud-Anbieter bietet Kostenvorteile, insb. durch den „Pay-per-use" Charakter von Cloud Services.[78] So ist einerseits sichergestellt, dass nur tatsächlich genutzte Dienstleistungen Kosten verursachen und andererseits, dass nunmehr Speicherkapazitäten für umfangreiche Mandantendaten und Rechenleistung für aufwändige Prüfungssoftware standortunabhängig[79] bedarfsorientiert zur Verfügung stehen.

Weitere Vorteile ergeben sich, wenn durch die jeweilige WPG auch auf die Cloud Strukturen der Mandanten zugegriffen werden kann. Die Virtualisierung der physischen Welt im Rahmen der Industrie 4.0 durch IoT und Cloud Computing erlaubt virtuelle Kopien der analogen Geschäftsprozesse und Produktionsfaktoren der Mandanten,[80] die diese zu Simulations-, Kontroll- und Analysezwecke nutzen. Dai und Vasarhelyi (2016)

---

[75] Vgl. Göttsche et al. (2018), S. 402
[76] Vgl. Deutsch (2019), S. 499
[77] Vgl. Adelmeyer/Teuteberg (2016), S. 701
[78] Vgl. u.a. Lissen et al. (2014), S. 15
[79] Vgl. Lieder/Goldshteyn (2013), S. 595
[80] Vgl. Drath/Horch (2014), S. 3 f.

beschreiben resultierende Anwendungsmöglichkeiten dieser Technologie durch den Prüfer beispielhaft an der Prüfung von Lagerbeständen. Dadurch, dass alle relevanten Objekte und Vorgänge innerhalb eines Geschäftsvorgangs durch permanente Statusmeldungen innerhalb einer solchen virtuellen Kopie gespiegelt werden, sind Inaugenscheinnahmen in Form von traditionellen Inventurbeobachtungen nur noch sehr begrenzt notwendig und eine kontinuierliche und ferngelenkte Prüfung kann implementiert werden.[81] Weiterhin kann der Prüfer auch auf die übermittelten Daten von extern an den Geschäftsvorgängen Beteiligter, wie Kunden, Lieferanten und Kreditinstituten nutzen, um mithilfe dieser die Angaben des geprüften Unternehmens kontinuierlich abzugleichen und zu verifizieren.[82]

3.2.2 Veränderte Erwartungshaltung

Ähnlich der Art wie sich die Mandanten dem digitalisierungsbedingten Wettbewerb um neue Geschäftsmodelle und effiziente Produktion in der Industrie 4.0 stellen müssen, erwarten diese, unter Einbezug ihres Digitalisierungsgrads, von der Wirtschaftsprüfung den Einsatz innovativer Prüfungs-Tools durch Data Analytics und die Ausnutzung damit verbundener Effizienz- und Automatisierungspotenziale.[83] So machen Mandanten die Erteilung von Prüfungsaufträgen zunehmend von der digitalen Leistungsfähigkeit möglicher Prüfer abhängig.[84] Somit besteht neben prüfungsinternen Faktoren zunehmend externer Druck zu einer Digitalisierung der Prüfung[85] und somit zu einer Transformation der Wirtschaftsprüfung. Auch innerhalb der Branche selbst ist eine diesbezüglich gewandelte Erwartungshaltung festzustellen. Diese äußert sich seitens der Prüfer, wie in Studien nachgewiesen werden konnte, sowohl in einem Vertrauensanstieg in die eigens erteilten Bestätigungsvermerke, wenn fortgeschrittene Datenanalyse-Tools eingesetzt wurden, als auch im gleichzeitigen Rückgang des wahrgenommenen Haftungsrisikos.[86]

---

[81] Vgl. Dai/Vasarhelyi (2016), S. 3
[82] Vgl. Burg et al. (2017), S. 125
[83] Vgl. Kempf (2017), S. 1300
[84] Vgl. DAWG (2016), Tz. 5
[85] Vgl. Ruhnke (2017), S. 424
[86] Vgl. ebd.

3.2.3 Relevanzerhalt

Lombardi et al. (2014) zeigen in einer Studie, dass es für die Aufrechterhaltung der Relevanz von Abschlussprüfungsleistungen nicht nur wahrscheinlich, sondern auch notwendig ist, dass diese ihren Anschluss an den aktuellen Stand neuer Technologien nicht verlieren und sie aktiv in die Prüfung implementieren.[87] Anders ist auch der steigende Bedarf der Adressaten geprüfter Abschlüsse an möglichst zeitnaher Informationsversorgung[88] nicht erfüllbar. Die Relevanz der Prüfungsdienstleistungen ist zu einem signifikanten Anteil durch die Relevanz der geprüften Informationen für die Stakeholder des Mandanten bedingt. Akzeptiert man diese Relation, ist mit zunehmender Echtzeitverfügbarkeit von Informationen in der Wirtschaft[89] (respektive Industrie 4.0) zwangsläufig eine Relevanzabnahme der Wirtschafsprüfung die Folge. Es ist somit ist festzuhalten, dass die bereits seit 20 Jahren diskutierte Umsetzung einer Transformation von der auf historischen Informationen beruhenden Prüfung traditioneller Jahresabschlüsse hin zu der kontinuierlichen Prüfung von Echtzeitdaten[90] in einem solchen Umfeld, stark an Bedeutung gewinnt.

3.2.4 Wettbewerbsfaktor

Aufgrund des ausgeprägten Preiswettbewerbs auf dem Prüfungsmarkt ist es für die Marktteilnehmer notwendig, die angebotenen Leistungen kontinuierlich effizienter zu gestalten.[91] Zusätzlich besteht neben Prüfungskosten, Reputation, sowie etwaiger Internationalisierung und Branchenexpertise,[92] vergleichsweise nicht sonderlich hohes Potenzial für die einzelnen WPGn sich von den Mitwettbewerbern abzusetzen. Daher wird die Entwicklung und Applikation von digitalen Prüfungslösungen, besonders im Bereich Data Analytics, als zentraler Wettbewerbs- und Wachstumsfaktor innerhalb der Branche eingeschätzt.[93] Weiterhin werden einzusetzende Datenanalyseverfahren und Prüfungs-Tools innerhalb eines

---

[87] Vgl. Lombardi et al. (2014), S. 29 f.
[88] Vgl. Groß/Vogl (2016), S. 1
[89] Vgl. Cangemi (2010), S. 3
[90] Vgl. Kiesow/Thomas (2016), S. 709
[91] Vgl. Amschler (2017), S.119
[92] Vgl. Cahan et al. (2011), S. 191 f.
[93] Vgl. u.a. Plendl (2017) o.S.

Positionspapiers des IDW zur Prüferauswahl als besonderes Auswahlkriterium hervorgehoben und empfohlen.[94] Die direkte Nutzung des fortschreitenden Digitalisierungsgrads der Mandanten unter der Verwendung von Big Data und Cloud Computing innerhalb der Prüfung wird mit Effizienzsteigerungen bei gleichzeitiger Verbesserung der Prüfungsqualität verbunden.[95] Hingegen ist somit die eine unverändert traditionelle Auditierung, die dann zwangsläufig um die technischen Möglichkeiten des Mandanten herum erfolgt, sowohl als Wettbewerbsnachteil als auch als zunehmender Mangel in der Prüfungsqualität zu interpretieren.

3.3 Digitalisierung - Risiko und Chance

Wie dargestellt, bezieht sich die disruptive Wirkung der Entwicklung zur Industrie 4.0 auch auf das Geschäftsmodell der Wirtschaftsprüfung, insb. auf die Abschlussprüfung. Einerseits besteht durch zunehmende Komplexität die Gefahr sinkender Prüfungsqualität und andererseits bieten neue Technologien das Potenzial einen Teil des Leistungsspektrums der Prüfer zu automatisieren bzw. überflüssig zu machen und weitere Teile stark zu verändern.[96] Demgegenüber ergeben sich allerdings auch eine Vielzahl an Chancen, neue Technologien in die Prüfung zu integrieren, ein besseres Verständnis von den Mandanten zu erlangen und sich ein sowohl effizienteres als auch effektiveres Prüfungsurteil zu bilden, was auch zu einer verbesserten Berücksichtigung von Stakeholder Interessen, bspw. an zeitnaher Berichterstattung, führt. Die eigentliche Gefahr für den Fortbestand der Branche besteht somit, anders als durch Osborne/Frey (2013) dargestellt, nicht in der bloßen Existenz, Entwicklung und Anwendung neuer digitaler Technologien und Methoden durch die Mandanten, sondern in deren Umgehung innerhalb der Prüfung.

Unzureichende Kompetenz in dem Bereich, fehlendes Verständnis im Umgang mit diesen Technologien und mangelnde Bereitschaft einer aktiven Implementierung in die Prüfung führt, wie dargelegt, zukünftig zu massiv abnehmender Wettbewerbsfähigkeit und Relevanz der Abschlussprüfung als Dienstleistung, sowie zu der Schwierigkeit einer veränderten Erwartungshaltung von Mandanten und deren Stakeholdern gerecht zu

---

[94] Vgl. IDW Arbeitskreis (2018), Rn. 37
[95] Vgl. Kempf (2017), S. 1300
[96] Vgl. Ruhnke (2019), S. 64f.

werden. Vor diesem Hintergrund ist eine Transformation der Wirtschaftsprüfung zwangsläufig erforderlich.

4 Digitalisierungsimmanente Veränderungen der Wirtschaftsprüfung

Da nun also die Digitalisierung, wie dargestellt, als unumkehrbarer Prozess sowohl die Mandanten als auch die Wirtschaftsprüfung zwingenderweise fortwährend betrifft und der ausbleibende Einsatz neuer Technologien bei Prüfungen in der Industrie 4.0, ähnlich wie bei den Mandanten, abnehmende Wettbewerbsfähigkeit bedeutet, lassen sich bevorstehende tiefgreifende Veränderungen in der Wirtschaftsprüfungsbranche ableiten.

4.1 Berufsbild

Das Berufsbild des Wirtschaftsprüfers ist, den bisherigen Ausführungen hinsichtlich der Notwendigkeit einer digitalen Transformation der Branche zur Folge, besonders stark durch Veränderungen gekennzeichnet. Der Aufbau extensiver IT-Kompetenzen der WPGn, einerseits durch Fortbildungen der Mitarbeiter und andererseits durch veränderte Anforderungen an die Ausbildung potentieller Mitarbeiter, ist für die Durchführung von Abschlussprüfungen in der Industrie 4.0 unerlässlich.[97] Somit unterliegen durch die Digitalisierung sowohl Recruiting als auch klassische Karrieremodelle innerhalb der Wirtschaftsprüfung Veränderungen.[98]

§ 5 der Berufssatzung der WPK i.V.m. § 43 Abs. 2 S. 4 WPO begründet eine Fortbildungspflicht für Wirtschaftsprüfer, die dessen Fähigkeit zur Anwendung seiner Fachkenntnisse auf einem „ausreichend hohen Stand"[99] hält. Angesichts der Tatsache, dass sich durch den digitalisierungsbedingten Wandel auch das Anwendungsgebiet dieses Wissens bereits jetzt und zukünftig stärker verändert,[100] sind digitale Fortbildungskomponenten nicht nur vorgesehen, sondern auch unbedingt notwendig. Diese dienen zur Kompensation der gestiegenen Komplexität, die eine Prüfung in einem digitalisierten Umfeld[101] nach sich zieht.

---

[97] Vgl. Groß/Sellhorn (2017), S. 4
[98] Vgl. Rega/Teipel (2016), S. 42
[99] Vgl. § 5 Abs. 1 Satz 2 der Berufssatzung der WPK
[100] Vgl. Jelinek (2015), S. 483
[101] Vgl. Groß/Sellhorn (2017), S. 5 f.

Auch der Ausbildungsfokus des Berufsnachwuchses muss um zusätzliche Komponenten, bspw. hinsichtlich digitalisierten Geschäftsmodellen und IT-basierten Geschäftsprozessen, erweitert werden.[102] Damit soll sowohl ein fundiertes Grundverständnis geschaffen, als auch die Fähigkeit vermittelt werden mit der hohen Frequenz neuer Trends in der Digitalisierung Schritt halten zu können. Diesbezüglich sehen Göttsche et al. (2018) verstärkt die Universitäten in der Pflicht die „Kompetenzvermittlung in Bezug auf digitale Technologien und deren Anwendung" in die Gestaltung der für Auditing relevanten Studiengänge zu integrieren.[103]

Die bereits bestehende Herausforderung, mit qualifizierten und zahlenmäßig ausreichenden Einsteigern den Berufsnachwuchs zu sichern, wird durch eine solche Erweiterung der ohnehin notwendigen Qualifikationen intensiviert.[104]

Es ist jedoch nicht zu erwarten, dass Wirtschaftsprüfer, ob der hohen Komplexität dieser Gebiete, zukünftig gleichzeitig Spezialisten in IT und Data Science sein müssen.[105]

Vielmehr bedarf die vermehrte Zusammenarbeit mit Spezialisten aus diesen Feldern ein hinreichendes Verständnis,[106] sodass neuartige Datenanalysen in der Prüfung tatsächlich zielgerichtet eingesetzt und verwertet werden können. Auch führt der Einsatz innovativer PrüfungsTools um Data Analytics wiederum zu einer höheren Attraktivität des Berufsbildes.[107]

Die Frage, wie Wissen, Erfahrung und Fähigkeiten von Wirtschaftsprüfern, aus einer tradierten Berufsausbildung und Berufsausübung entstammen, in sich verändernde Umweltbedingungen eingegliedert werden können, wird das Berufsbild nachhaltig beschäftigen. Beispielhaft ist etwa ein Umdenken in Folge der Veränderung der traditionellen Erlangung von

---

[102] Vgl. Göttsche et al. (2018), S. 404
[103] Göttsche et al. (2018), S. 404
[104] Vgl. Rega/Teipel (2016), S. 39
[105] Vgl. Velte/Drews (2018), S. 2582
[106] Vgl. ebd.
[107] Vgl. Ruhnke (2017), S. 422

Prüfungsnachweisen, durch die Anwendung von Data Analytics anzuführen, welche umfangreiche Umschulungen nach sich ziehen.[108]

4.2 Geschäftsausrichtung und Personalpolitik

Die zunehmende Schnelllebigkeit digitaler Entwicklungen erschwert eine Umstellung der Geschäftsausrichtung von WPGn da nicht absehbar ist, welche Technologien innerhalb der nächsten Jahre besonders relevant sein werden.[109] Problematisch daran ist, dass etwaige Passivität des Prüfers durch simples Abwarten zwangsläufig mit einer enormen Erschwerung verbunden ist mit den Entwicklungen zukünftig Schritt halten zu können.[110]

Es bedarf somit einer digitalen Strategie, die obwohl es sich bei der Digitalisierung um einen langwierigen Prozess ohne absehbaren Endpunkt handelt,[111] eine schrittweise kontinuierliche Implementierung erlaubt. Eine solche Strategie beinhaltet bspw. Experimente mit verschiedenartigen technologischen Innovationen innerhalb der Prüfung, Joint Ventures zur Entwicklung der Technologien, die Akquisition in diesem Bereich spezialisierter Start-Ups und die Transformation des Personals zu einer innovativen Unternehmenskultur.[112]

Prüfungen im Umfeld der Industrie 4.0 setzen mit der Notwendigkeit entsprechender IT-Ausstattung und Prüfungssoftware eine nicht unwesentliche geschäftsstrategische Investitionsbereitschafts voraus.[113] Bereits einsetzende signifikante Veränderungen in der Geschäftsausrichtung hin zu digitalen Prüfungsmethoden -und Technologien, wurde 2018 durch diesbezüglich stark zunehmende Investitionsvolumina innerhalb einer Befragung der IFAC nachgewiesen.[114]

---

[108] Vgl. DAWG (2016), Tz. 18 f
[109] Vgl. Meuldijk (2017), S. 34
[110] Vgl. Meuldijk/Wattenhofer (2017), S.766
[111] Vgl. Beyhs/Poymanov (2019), S.28
[112] Vgl. Meuldijk (2017) S. 35
[113] Vgl. Ziegler et al. (2018) S. 564
[114] Vgl. IFAC (2018)

So planen auch abgesehen von den derzeitigen Branchenführern, der Big4,[115] bereits ein Viertel der kleinen und mittleren Prüfungsgesellschaften Investitionen in digitale Prüfungstechnologien, die 10 % ihrer Praxisumsätze übersteigen.[116]

Zu erwartende Veränderungen der Investitionen betreffen auch das Recruiting und die Integration bislang branchenfremder, aber für erfolgreiche Auditierungen im komplexeren Umfeld der Industrie 4.0 zunehmend erforderlicher Spezialisten aus den Bereichen der Informatik, Statistik und Technik.[117]

Veränderungen in der Geschäftsausrichtung stehen darüber hinaus in einem engeren Zusammenhang zu der allg. Personalpolitik innerhalb der Branche. Das bereits dargestellte Automatisierungspotenzial der Implementierung datenanalytischer Technologien in die Prüfung[118] steht in einer entgegengesetzten Beziehung zu dem Bedarf an weniger qualifizierter menschlicher Arbeit.[119]

Da der Wirtschaftsprüfer in seinem Berufsstand eine Vielzahl komplexer Funktionen, Tätigkeiten und Ermessensausübung in Unsicherheitsszenarien vereint, die Expertenwissen aus verschiedenen betriebswirtschaftlichen und juristischen Bereichen erfordern,[120] ist eine bloße maschinelle Ersetzung, wie Osborne/Frey (2013) sie darstellen,[121] nach heutigem Maßstab keineswegs absehbar. Selbst die hochentwickeltsten Automatismen unter Verwendung von künstlicher Intelligenz sind auf absehbare Zeit nicht in der Lage menschliches Abstraktionsvermögen und Kreativität zu ersetzen.[122]

---

[115] Vgl. u.a. Richins et al. (2016), S. 27
[116] Vgl. IFAC (2018)
[117] Vgl. Rega/Teipel (2016), S. 41
[118] Vgl. Lombardi et al. (2014), S. 25 f.
[119] Vgl. Vgl. Göttsche et al. (2018) nach Dengler/Matthes (2015), S. 4
[120] Vgl. WPK (2019), S. 4 f.
[121] Vgl. Frey/Osborne (2013), S. 1 f.
[122] Vgl. Marten et al. (2017), S. 1239

Hingegen sind stark standardisierte Aufgaben bzw. Routinefälle, deren Existenz innerhalb des Aufgabenbereichs des WP bislang zu der Notwendigkeit geringer qualifizierte Assistenzkräfte führt, sehr wohl betroffen.[123]

Die Automatisierung diverser standardisierter Prüfungshandlungen führt somit zu einem Rückgang des Bedarfs an Prüfungsassistenten in der Branche.[124] Dadurch ergibt sich zwar weiteres Potenzial für Kosteneinsparung, aber auch das Dilemma der Einschränkung des klassischen Mitarbeiterausbildungsweges. Das Einstiegsniveau für Mitarbeiter wird folglich angehoben.

4.3 Marktstruktur

Der angesprochene steigende Investitionsbedarf in digitale Prüfungstechnologien zur Erhaltung der Wettbewerbsfähigkeit hat weiterhin auch die Charakteristika einer Markteintrittsbarriere und einer Wettbewerbsverschärfung im Prüfungsmarkt.

Die finanzielle Ressourcenverfügbarkeit für die kontinuierliche digitale Fortentwicklung einerseits und die Nutzbarmachung von Skaleneffekten in Bezug auf den Einsatz dieser Technologien innerhalb der Prüfung andererseits, verdeutlichen die damit verbundene Überlegenheit größerer WPGn im Vergleich zu kleineren.[125]

Diesbezüglich ist zu erwähnen, dass kleine und mittlere WPGn, deren Mandate i.d.R. bei den KMU zu verorten sind, keinesfalls weniger von der Entwicklung zur Industrie 4.0 betroffen sind, da auch diese Mandanten im Einklang mit Lieferanten- und Kundenanforderungen auf zunehmende Automatisierung und Informationsintegration setzen.[126] Das Verschwimmen einer solchen traditionellen Wettbewerbsgrenze, das letztendlich den direkten Wettbewerb mit großen WPGn im Bereich digitaler Prüfungstechnologien bedeutet, schafft vermehrt Unsicherheit in Bezug auf die marktstrategische Ausrichtung mittelständischer und kleiner WPGn, um eine erfolgreiche digitale Transformation zu ermöglichen.[127] Zusätzlich

---

[123] Vgl Marten et al. (2017), S.1240
[124] Vgl. Göttsche et al. (2018), S. 405
[125] Vgl. Amschler (2017), S. 120
[126] Vgl. Rega/Teipel (2016), S. 40
[127] Vgl. Elster (2018), S. 68

wird die Attraktivität eines Eintritts neuer WPGn in den Prüfungsmarkt gesenkt. Offensichtlich wird die notwendige Zusammenarbeit kleiner und mittlerer WPGn durch Netzwerke und etwaige Zusammenschlüsse zur Bündelung von technischen Kompetenzen und Investitionskapazitäten für neue Technologien und Prüfungssoftware.[128]

Ob durch Wettbewerbsunfähigkeit, Zusammenschlüsse oder mangelnde Neueintritte: die steigende Kapitalintensität am Prüfungsmarkt bedingt die Erwartungen eines Rückgangs der Wettbewerber, einer weiteren Konsolidierung und somit einer steigenden Anbieterkonzentration.[129] Der Kostendruck im Prüfungsmarkt ist zentraler Treiber der zunehmenden Verwendung von technologiegestützter Prüfung und somit dieses Konsolidierungsprozesses zu sehen.[130] Als Konsequenz ist eine weitere Verlagerung der kleinen und mittleren WPGn von Prüfungs- zu Beratungsleistungen in der Branche denkbar.

Abschließend ist darauf hinzuweisen, dass die zunehmende Verwendung von Prüfungssoftware und Data Analytics in der Prüfung auch ein wachsendes Konkurrenzverhältnis zu Unternehmen wie bspw. Google erzeugt, deren Spezialisierung in datenanalytischen Technologien besteht und den Markt für Assurance Services im Umfeld der Industrie 4.0 anders als bislang nicht mehr ausschließlich auf WPGn begrenzt.[131] Das entstehende Konkurrenzverhältnis bezieht sich auch auf den Recruiting-Bereich, in dem sich der Wettbewerb mit branchenfremden Unternehmen um Spezialisten für die Entwicklung solcher Technologien intensiviert.

4.4 Dienstleistungsportfolio

Mit der Dynamik der Industrie 4.0 und der daraus resultierenden Veränderung der industriellen Wertschöpfung verändert sich auch das Tätigkeitsfeld des WP. Dies beschränkt sich allerdings nicht wie bislang dargestellt ausschließlich auf die klassischen Abschlussprüfungsleistungen an sich, sondern eröffnet auch die Möglichkeit der Erweiterung des

---

[128] Vgl. Rega/Teipel (2016), S. 43
[129] Vgl. Göttsche et al. (2018), S. 405
[130] Vgl. Dai/Vasarhelyi (2016), S.12 f.
[131] Vgl. Ruhnke (2017), S. 427

Dienstleistungsportfolios der WPGn um eine Vielzahl an Beratungsleistungen, die innerhalb dieses disruptiven Umfelds relevant werden.[132]

Mit steigenden Datenmengen aus einer Vielzahl zunehmend heterogenen Datenquellen im IoT sind Unternehmen der Industrie 4.0 mit fortgeschrittenem Digitalisierungsgrad auch stärker auf die Sicherheit dieser angewiesen.[133] Weiterhin steigt mit dieser Abhängigkeit der Unternehmen auch die Attraktivität unautorisierte Zugriffe auf diese. Lt. Kempf (2017) besteht in diesem Umstand die Chance für die WPGn prüfungsnahe Beratungsleistungen zu den Themen Cyber-Security und Softwaresicherheit anzubieten.[134] Auch die in einem solchen Umfeld größer werdenden Anforderungen und Herausforderungen in Bezug auf Datenschutz erlauben Beratungsleistungen zu Compliance und von Burg et al. angedachte „Datenschutzaudits" durch die unabhängige Kontrollfunktion des Wirtschaftsprüfers.[135]

Generell eröffnet die Anwendung innovativer Prüfungs-Tools in vielen Fällen auch die Möglichkeit einer Bereitstellung von Beratungsprodukten. Ein Beispiel ist etwa die Verwendung von Process Mining für die Identifikation von risikobehafteten Prozessabweichungen innerhalb der Prüfung. Diese Technologie eignet sich ebenfalls für Prozessanalysen zur Erkennung und Behebung von Prozessschwächen und lässt sich somit für prüfungsnahe Beratungsleistungen zu Prozessoptimierung einsetzen.[136]

Die potenziell zunehmende, zielgerichtete Verwendung von Big Data Analytics zur Erlangung von Prüfungsnachweisen und als Entscheidungsbasis befähigt die WPGn als kompetenter Berater in vielen Unternehmen aufzutreten, die zwar bereits mit der Sammlung von Datensätzen aus verschiedenen Quellen begonnen haben, bislang jedoch deren Verwendung für betriebliche Entscheidungen noch nicht entsprechend realisieren konnten.[137]

---

[132] Vgl. Kempf (2017), S. 1302
[133] Vgl. Fallenbeck/Eckert (2017), S. 149 in Vogel-Heuser et al. (2017)
[134] Vgl. Kempf (2017), S. 1302
[135] Burg et al. (2017), S. 128
[136] Peters/Nauroth (2019), S.38
[137] Vgl. Richins et al. (2016), S. 28

Weiterhin ebnet die Automatisierung verschiedener Prüfungshandlungen, insb. im Bereich der datenanalytischen Verfahren, den Weg für die kontinuierliche Prüfung von aktuellen Unternehmensdaten als unterjährige Beratungsdienstleistung zur Unterstützung des Controllings durch Analysen und Bestätigungen außerhalb der Jahresabschlussprüfung.[138]

Abschließend kann die klassische Prüfung um eine verbesserte Detektion von Betrugsvorfällen erweitert werden. Die Verantwortung dazu liegt gem. IDW PS 210 zwar bei den gesetzlichen Vertretern des Unternehmens und ist somit nicht zentraler Bestandteil des Prüfungsgegenstandes,[139] darf aber dennoch durch die Prüfer nicht ignoriert werden. Durch moderne Datenanalysewerkzeuge können die Datenbestände auf Muster und Verknüpfungen hin untersucht werden, die auf unerlaubte Handlungen hinweisen, deren Existenz der Prüfer andernfalls gar nicht oder nur mit erheblichem Zusatzaufwand, der innerhalb traditioneller Abschlussprüfungen dafür aber nicht vorgesehen ist, hätte feststellen können.[140] Für die Wirtschaftsprüfung besteht hier also das Potenzial traditionelle Dienstleistungen unter dem Einsatz neuer Prüfungs-Tools zu erweitern und somit einen Mehrwert anzubieten,[141] der von Wirtschaftskriminalität betroffene Unternehmen derzeit noch über Beratungsleistungen (Forensic Advisory) bezogen wird.

4.5 Prüfungskonzipierung

Veränderungen in der Art und Weise wie die prüfungsbezogene Leistungserbringung der WPGn erfolgt, zeigen sich bspw. in der Kommunikation mit den Mandanten. Mandantenseitig entfallen oder verändern sich die bislang an der Rechnungslegung beteiligten Ansprechpartner der Prüfung durch Automatisierung verschiedener Rechnungslegungsprozesse, wodurch modernere Kommunikationsmodelle notwendig werden.[142] Diesbezüglich erfolgt durch die Schaffung einer digitalen Basis für die Zusammenarbeit,[143] eine zunehmende Vernetzung zwischen den WPGn und

---

[138] Vgl. Langhein et al. (2018b), S. 1306
[139] Vgl. IDW PS 210 Tz. 8 ff.
[140] Vgl. Byrnes et al. (2014), S. 98
[141] Vgl. Burg et al. (2017), S.2 f.
[142] Vgl. Rega/Teipel (2016), S. 41
[143] Vgl. Elster (2018), S. 71

Mandanten in Form von gemeinsam genutzten digitalen Datenräumen und webbasierten Dateiablagen.[144]

Die Entwicklung und Bereitstellung solcher Kollaborationsplattformen, die in der Praxis aufgrund ihres direkten Kosteneinsparpotenzials vorangetrieben wird,[145] führt auch zu der Abnahme der Notwendigkeit für den Prüfer zu Prüfungszwecken physisch vor Ort zu sein, da sowohl der Austausch prüfungsrelevanter Daten als auch die Kommunikation darüber ablaufen kann.[146]

Im Kontext der Industrie 4.0 und der damit verbundenen Echtzeit-Verfügbarkeit von prüfungsrelevanten Informationen, gewinnt auch der permanente sog. Remote Zugriff des Prüfers auf Mandantendaten über Schnittstellen in dessen Informationsarchitektur an Bedeutung.[147] Neben der inzwischen gegebenen technischen Umsetzbarkeit ist der sich in einem solchen Umfeld vor allem in Bezug auf Big Data wandelnde Analyseansatz der Prüfung entscheidend für diese Entwicklung. Damit ist gemeint, dass Datenanalysen in der traditionellen Jahresabschlussprüfung auf der Analyse von Datensätzen aus dem ERP-System des Mandanten basierten[148] und bislang nur verwendet wurden, um für ein innerhalb der Prüfung identifiziertes Problem Lösungsstrategien zu entwickeln.[149]

Diese Datensätze sind in ihrem Volumen limitiert und aufgrund ihres einheitlichen Ursprungssystems strukturiert.[150] Allerdings führen die Entwicklungen im Rahmen der Industrie 4.0 zu einem massiven Anstieg der für die Rechnungslegung relevanten u.a. auch nicht-finanziellen Datenmengen,[151] während die gleichzeitige Nutzbarmachung von Big Data eine Heterogenität der Daten bedingt.[152] Somit entstehende, tendenziell unlimitierte und unstrukturierte Datensätze machen nicht nur den kontinuierlichen Zugriff der Prüfer zu Analyse- und Prüfungszwecken sehr viel

---

[144] Vgl. Groß/Sellhorn (2017), S. 4
[145] Vgl. Justenhoven et al. (2018), S. 40 f.
[146] Vgl. Rega/Teipel (2016), S. 41
[147] Vgl. Groß/Sellhorn (2017), S. 4
[148] Vgl. Richins et al. (2016), S. 23
[149] Vgl. Velte/Drews (2018), S. 2582
[150] Vgl. Richins et al. (2016), S. 23
[151] Vgl. Vasarhelyi et al. (2015), S. 383 ff.
[152] Vgl. Velte/Drews (2018), S. 2582

praktikabler als den klassischen Zugriff zum Ende des Geschäftsjahres, sondern machen den verfolgten Analyseansatz auch weniger problemabhängig als explorativ.[153] Datenanalysen bei der Prüfung wären folglich weniger dazu ausgelegt spezifische Probleme zu begegnen als große Datenmengen auf ihre entscheidenden Charakteristika hin zu analysieren.[154] Beispielhaft ist als explorativer Ansatz das Data Mining zu erwähnen, das unstrukturierte Datensätze kontinuierlich auf prüfungsrelevante Muster hin untersucht, um auf diese Weise ungewöhnliche Einträge und Beziehungen zu identifizieren.[155] So erfolgt die prüferische Beurteilung von Sachverhalten zunehmend anhand von Korrelationen anstatt von Kausalitäten.[156]

Eine sich wandelnde Konzipierung der Prüfung äußert sich zusammenfassend also in einer zunehmend erforderlichen systemseitigen Verknüpfung von Prüfer und Mandant und einem notwendigerweise verstärkt explorativen Datenanalyseansatz, wobei beide Faktoren den veränderten Rahmenbedingungen von prüfungsrelevanten Daten zuzuordnen sind. Diese beiden Umstände verdeutlichen die Richtung, in die sich Prüfungsleistungen im Umfeld der Industrie 4.0 entwickeln und sind als Wegbereiter für die Implementierung kontinuierlicher Prüfungshandlungen zu sehen.

---

[153] Vgl. Richins et al. (2016), S. 6 f.
[154] Vgl. Richins et al. (2016), S. 6
[155] Vgl. ebd.
[156] Vgl. Cao et al. (2015), S. 426

5 Analyse ausgewählter kritischer Erfolgsfaktoren

In den bisherigen Ausführungen wurden der Einfluss der Digitalisierung auf die Wirtschaftsprüfung als unausweichlichen Prozess und die immanenten Veränderungen durch Industrie 4.0 in der Prüfung und auch in der Prüfungsbranche als Ganzes dargestellt. Es wurde gezeigt, dass diesem Prozess sowohl Chancen als auch Risiken für die Wirtschaftsprüfung zuzuordnen sind, wobei für die letztendliche Ausprägung die Veränderungsbereitschaft maßgeblich entscheidend ist.

Da sich aber, wie dargelegt, eine grundlegende Transformation von Prüfung und Prüfer zunehmend als unbedingt notwendig abzeichnet, sollen nun mit der Analyse kritischer Erfolgsfaktoren, eine Reihe interner und externer Rahmenbedingungen für eine solche Transformation untersucht werden. Gerade, weil sich diese nur sehr begrenzt durch einzelne WPs und WPGn beeinflussbar sind, bedingen sie eine solche Transformation wesentlich.

5.1 Rechtliche Befähigung und Umsetzung

Bei der Wirtschaftsprüfung handelt es sich um eine stark regulierte Branche, wobei diese Regularien u.a. in Form von Verlautbarungen der Prüfungsgrundsätzen in den ISA durch die IFAC und den IDW PS durch das IDW[157] im Wesentlichen die Erwartung potenzieller Adressaten angemessen geprüfter Rechnungslegungsinformationen[158] reflektieren.

Anders als die interne Revision vieler Unternehmen, welche im Rahmen ihrer Prüfungsfunktion bereits die bspw. durch Big Data möglich gemachten datenanalytischen Verfahren nutzt und dahingehende von DIIR (Deutsches Institut für Interne Revision) und IIA (Institute of Internal Auditors) Verpflichtungen zum Einsatz dieser befolgt,[159] steht eine ähnlich umfassende und verpflichtende Anpassung der externen Prüfung weiterhin aus.[160]

---

[157] IDW PS 201, Rn. 23
[158] Vgl. Arbeitskreis Externe und Interne Überwachung der Unternehmung (2017) in: Krause/Pellens (Hrsg.), S. 328
[159] Vgl. Arbeitskreis Externe und Interne Überwachung der Unternehmung (2017) in: Krause/Pellens (Hrsg.), S. 329
[160] Vgl. Appelbaum et al. (2017), S. 2 f.

Regulierungen, so etwa die Richtlinien zur Erstellung von Stichproben nach IDW PS 310 Rn. 1, sind unverändert, obwohl einerseits eine datenanalytische vollständige Prüfung in bestimmten Prüfungsfeldern bereits möglich ist[161] und die Mandanten andererseits zunehmend auf automatisierte Buchungsvorgänge, bspw. bei der Erfassung von Warenbewegungen, setzen, die kein menschliches Eingreifen mehr erfordern.[162]

Die Verfügbarkeit von modernen Analyseverfahren zur vollständigen Analyse aller Transaktionen innerhalb einer Grundgesamtheit in der Prüfung, bei gleichzeitiger Steigerung der Transaktionszahlen und zu berücksichtigender Datenmengen in einer digitalen Umgebung,[163] macht das Prüfen in Stichproben zunehmend impraktikabel und unzureichend. Dies stellt ein Beispiel dafür dar, inwiefern die hochtechnisierte Umgebung der Prüfung in der Industrie 4.0 zunehmend den unter anderen Rahmenbedingungen festgelegten traditionellen Standards entwächst. Während sich in einem solchen Umfeld die Rolle des Prüfers von traditioneller Faktenüberprüfung zur systematischen Unternehmensanalyse wandelt, bedarf es einer entsprechenden Anpassung der Prüfungsstandards.[164]

Ein Arbeitskreis von Experten aus Wissenschaft und Praxis der Schmalenbach-Gesellschaft e.V. denkt einige notwendige Änderungen in den Standards an, um sie zeitgemäß zu halten. So wäre bspw. eine entsprechende Würdigung des zunehmenden Potenzials umfassender Datenanalysen in den 'Grundsätzen von Art und Umfang der Prüfungshandlungen'[165] sowie der 'Sicherheit von Prüfungsaussagen'[166] erforderlich, um die nun auch im Rahmen des Wirtschaftlichkeitsgrundsatzes[167] möglichen Vollprüfungen bestimmter Prüffelder zu berücksichtigen.[168]

---

[161] Vgl. Richins et al. (2016), S. 32
[162] Vgl. Burg et al. (2017), S. 125
[163] Vgl. Alles et al. (2008), S. 4
[164] Vgl. Krahel/Titera (2015), S. 419
[165] IDW PS 200 Rn. 18-23
[166] IDW PS 200 Rn. 24-28
[167] IDW PS 200 Rn. 8
[168] Vgl. Arbeitskreis Externe und Interne Überwachung der Unternehmung (2017) in: Krause/Pellens (Hrsg.), S. 328 f.

Daraus ergibt sich weiterhin auch die Frage, inwiefern die Vollprüfung einzelner Prüfungsbereiche die Notwendigkeit von Systemprüfungen in dem gleichen Bereich, welche u.a. erst die stichprobenhafte Prüfung ermöglichen sollen,[169] ersetzen kann.

Auch sollte das mögliche Erfordernis einer verpflichtenden Anwendung von Datenanalysen Eingang in die Standards erhalten, um deren Notwendigkeit für den Verständnisaufbau zu Rechnungslegungsprozessen und IKS in dem ungleich komplexeren Umfeld der Industrie 4.0 zu berücksichtigen.[170]

Essentiell sind die Anpassung und Erweiterung der IDW PS und der ISA gemessen an den neuen Umweltbedingungen, damit sich die Prüfer mit der Anwendung dieser Technologien nicht zu weit von den Standards entfernen müssen und sich nicht im Zweifelsfall berufsrechtlich sogar strafbar machen.[171] Gerade im Rahmen von Qualitätskontrollen durch die APAS (Abschlussprüferaufsichtsstelle) nach §4 Abs. 1 Satz 1 WPO bestünde die Gefahr, dass Wirtschaftsprüfer, die neue datenanalytische Technologien einsetzen, im Nachhinein mangels entsprechender Deckung durch die Prüfungsstandards nicht angemessen begründen können, weshalb bestimmte Beurteilungen erfolgt sind und weshalb bestimmte Prüfungshandlungen vollzogen bzw. nicht vollzogen wurden.[172] Andernfalls entsteht eine negative Fehlerkultur, die dringend notwendige prüferische Innovation bereits im Keim erstickt.[173] Die ISA behindern zwar nach Ansicht der DAWG[174] die Nutzung von digitalen Prüfungstechnologien nicht,[175] dennoch wird anerkannt, dass auch keine Stimulierung dieser erfolgt, obwohl gerade diese notwendig wäre, um die Wirtschaftsprüfung marktstrategisch neu auszurichten, sodass sie auch mit fortschreitendem Digitalisierungsgrad unabdinglich bleibt. So ist bspw. die prüferische

---

[169] Vgl. Odenthal (2019), S.14
[170] Vgl. Arbeitskreis Externe und Interne Überwachung der Unternehmung (2017) in: Krause/Pellens (Hrsg.), S. 329
[171] Vgl. Ziegler et al. (2018), S. 566
[172] Vgl. DAWG (2016) Tz. 15
[173] Vgl. Appelbaum (2017), S. 12
[174] Das IAASB gründete hinsichtlich dieser Thematik die Data Analytics Working Group (DAWG), die 2016 ein diesbezügliches Grundsatzpapier veröffentlichte.
[175] Vgl. DAWG (2016) Tz. 9

Anwendung von CAATs (Computer Assisted Audit Techniques) gem. ISAs durchaus vorgesehen,[176] allerdings stammen diese Standards aus einer technologisch vollkommen anderen Ära. Das mit der technologischen Entwicklung einhergehend vergrößerte Anwendungsgebiet, sowie das entsprechend kaum vergleichbare Potenzial, das bspw. Data Analytics darstellen, hat bislang kaum eine angemessene Übersetzung in die Prüfungsstandards erfahren.[177]

Angemerkt wird durch das IAASB, dass sich, obwohl die ISA noch nicht sonderlich alt sind, aufgrund des beschleunigten technologischen Fortschritts der letzten Jahre zusehends die Frage auftut, ob die ISA angesichts einer sich ändernden Vorstellung davon, was eine Prüfung in der Industrie leisten muss, überhaupt sinnhaft angepasst und weiterentwickelt werden können oder ob die Notwendigkeit einer kompletten Neuaufsetzung besteht.[178] Sowohl Mandanten als auch Investoren vertreten vermehrt den Standpunkt, dass die Nutzung von Technologien und Datenanalytik in der Prüfung notwendig werden, um mit aktuellen Entwicklungen Schritt zu halten.[179]

Bis dahin bedarf es allerdings zunächst der Ergänzung der Standards um Hinweise wie Datenanalysen zu Prüfungszwecken *wann*, *wozu* und *in welcher Form* in den einzelnen Prüfungsphasen eingesetzt werden können, welche Prüfungssicherheit durch sie ist und wie sich diese wiederum in der Verknüpfung von Prüfungsrisiko und Prüfungsumfang niederschlägt.[180]

Außerdem müssen entsprechende „Dokumentations-, Berichts- und Aufbewahrungsanforderungen" definiert werden und aufgezeigt werden, welcher Art die zu erbringenden Prüfungsnachweise sind.[181]

---

[176] Vgl. u.a. ISA 330 A16
[177] Vgl. DAWG (2016), Tz. 9
[178] Vgl. DAWG (2016), Tz. 12
[179] Vgl. DAWG (2016), Tz. 15
[180] Vgl. Titera (2013), S. 330 f.
[181] Vgl. Harder (2019), S. 1484

5.2 Digitalisierungsgrad des Mandanten

Bzgl. des überhaupt möglichen Umfangs des Einsatzes datenanalytischer Technologien bei der Prüfung sind abhängig von Größe, Geschäftsmodell und Druck des jeweiligen Marktes, unterschiedliche Geschwindigkeiten bei der Digitalisierung einzelner Mandanten zu berücksichtigen.[182]

Eine Unterteilung der Unternehmen in Abhängigkeit von ihrem Digitalisierungsgrad ist insofern sinnvoll, um die dienstleistungstechnische Variabilität, auf die sich die Wirtschaftsprüfung einlassen muss, zu veranschaulichen. Elster (2018) nimmt die Unterteilung in analoge und digitale Mandanten vor.[183]

Während für WPGn bei den digitalen Mandanten der Industrie 4.0 die Notwendigkeit besteht, sich durch ein digitales Prüfungsvorgehen besonders in Bezug auf die Zusammenarbeit als kompetenter und attraktiver Dienstleister zu positionieren, sind die analogen Mandanten wegen mangelnden Umsetzungsverständnisses, unzureichender Ressourcen und ggf. zeitlicher Restriktionen, sehr viel weniger fortschrittlich.[184] Angesichts des massiv zunehmenden Datenwachstums innerhalb der digitalen Welt sind die bestehenden IT-Infrastrukturen der Mandanten gerade was die Speicherung angeht, oftmals bereits überlastet.[185]

Die iterative Natur der Analysen von Datenbeständen, vor allem im Bereich Big Data, und die hohe Geschwindigkeit, mit der diese erfolgen müssen, stellt signifikante technische Anforderungen an die Mandanten, insbesondere in Bezug auf die benötigte Rechenleistung. Etablierte Datenanalyse Systeme stoßen hier oftmals an ihre Grenzen und spezielle Big Data Lösungen (bspw. NoSQL Datenbanken, Big Query und Skytree) werden erforderlich.[186] Das enorme Potenzial von Big Data erzeugt somit ebenfalls Herausforderungen für die Unternehmen, deren Bewältigung allerdings die Nutzbarmachung in der Prüfung bedingt. Weiterhin erzeugt die Tatsache, dass mit fortschreitendem Digitalisierungsgrad auch kontinuierlich neue Investitionen in die IT-Infrastruktur notwendig werden,

---

[182] Vgl. Rega/Teipel (2016), S. 40
[183] Vgl. Elster (2018), S.69 ff.
[184] Vgl. Elster (2018), S.69f. u. 72
[185] Vgl. Sivarajah et al. (2017), S. 264
[186] Vgl. ebd.

besonders für analoge KMU ein Hemmnis ihr Geschäftsmodell weiter als unbedingt notwendig zu digitalisieren.[187] Gerade kleinere WPGn stehen dadurch vor der Problematik, dass selbst wenn entsprechende Investitionen in digitale Prüfungstechnologien erfolgen, diese u.U. in Teilen ihrer Mandantenstruktur gar nicht zum Einsatz kommen können.

Etwas abgeschwächt wird dieses Szenario allerdings durch die Möglichkeit, insb. für KMU, deren IT Lösungen i.d.R. naturgemäß nicht den hochkarätigen Charakter von Großunternehmen besitzen, mit Cloud Computing IT-Dienstleistungen durch IT-Service Provider zu beziehen, die dem aktuellen technologischen Stand entsprechen und somit prüferseitig den Einsatz angesprochener datenanalytische Verfahren zulassen.[188]

Dies wiederum zieht in der Prüfung jedoch die Herausforderung nach sich, dass besonders dann, wenn rechnungslegungsrelevante Prozesse an IT-Dienstleister übertragen werden, ein kontinuierlicher Prozessverständnisverlust beim Mandanten eintritt.[189] Daher müssen ausgelagerte Prozesse beim Service Provider selbst geprüft werden.[190] Ohne ein entsprechendes Audit Verfahren hätte der Prüfer kein vollständiges Bild vom Mandanten und könnte dessen Jahresabschluss auch nicht ohne Einschränkungen bestätigen.[191]

Anders herum bedeutet ein hoher Digitalisierungsgrad des Mandanten, der vermehrt bei größeren Unternehmen beobachtbar ist, die unternehmensintern IT-Lösungen entwickeln, ohne auf externe Dienstleister zurückzugreifen, zwar einerseits hohes Potenzial für die Anwendung von Data Analytics, andererseits aber auch, verglichen mit standardisierten Lösungen, erhöhten Aufwand die Prüfungssoftware auf die entsprechenden Begebenheiten anzupassen.[192] Hieraus erwachsen dann auch zukünftig Probleme bei der Prüferrotation.

---

[187] Vgl. Jahn (2017), S. 1
[188] Vgl. DAWG (2016), Tz. 20
[189] Vgl. Lissen et al. (2014), S. 88
[190] Vgl. IDW PS 951 und ISAE 3402
[191] Vgl. Lissen et al. (2014), S. 88
[192] Vgl. DAWG (2016), Tz. 21

Obwohl aus beiden Szenarien Herausforderungen für den Prüfer erwachsen, ist er doch für die Applikation von Data Analytics in der Prüfung darauf angewiesen, dass die Unternehmen angemessen weit in der Digitalisierung vorangeschritten sind.

5.3 Datenbeschaffung und Verarbeitung

Die steigende System- und Prozesskomplexität als direkter Effekt der Digitalisierung innerhalb der Industrie 4.0 führt im selben Maße auch zu einer Abnahme der traditionell erschließbaren Transparenz der mandantenseitigen Geschäftsprozesse und internen Kontrollen.[193] Ein traditioneller Ansatz zur Daten- und Informationsbeschaffung als Prüfungsnachweis durch Inaugenscheinnahmen und Befragung etc., wie im IDW PS 300 Rn. 14 dargestellt, kann in einer hochtechnisierten Umgebung nicht mehr das für die Prüfung unabdingliche Unternehmensverständnis des Prüfers sicherstellen.

Dem gegenüber steht allerdings gleichzeitig auch eine Fülle an rechnungslegungsrelevanten Daten des Mandanten, deren Verfügbarkeit in traditioneller Prüfung eines nicht rechtfertigbaren Aufwandes bedurft hätte, nun aber für die Prüfung bereitgestellt werden kann und dadurch nutzbar ist.[194] Die Informationsarchitekturen der zu prüfenden Unternehmen der Industrie 4.0 haben somit einerseits qualitativ revolutionäres Potenzial für die Prüfung, stellen die Prüfung andererseits aber auch vor neuartige Herausforderungen.

Abhängig vom derzeitigen Zustand und weiteren Entwicklungen der IT-Systeme und Schnittstellenverknüpfungen des Mandanten werden notwendigerweise unterschiedliche Datenanalysemethoden angewandt werden müssen.[195]

---

[193] Vgl. Arbeitskreis Externe und Interne Überwachung der Unternehmung (2017) in: Krause/Pellens (Hrsg.), S. 329
[194] Vgl. ebd.
[195] Vgl. Rega/Teipel (2016), S. 42

Systemunabhängig standardisierte Datenanalysen zur Beschaffung prüfungsrelevanter Informationen aus verschiedenen Prüfungsgebieten sind zum jetzigen Zeitpunkt noch nicht absehbar,[196] wenngleich diesbezüglich durch die Zunahme von Standardisierungen aufgrund von IT-Outsourcing und Nutzung von Cloud Services in der Zukunft Änderungen zu erwarten sind.

Weiterhin ist die Beschaffung prüfungsrelevanter Informationen derzeit oftmals durch einen relativ restriktiven Zugriff der Prüfer auf Daten gekennzeichnet. Zumeist werden dem Prüfer lediglich Kopien der benötigten Datensätze aus den relevanten, während der Prüfungsplanung festgelegten, Prüfungsfeldern zur Verfügung gestellt.[197]

Ein direkter Zugriff auf die Datenbankschnittstellen, der die Anwendung moderner Data Analytics und automatisierter kontinuierlicher Prüfungsprozesse aber erst ermöglicht, wird dem Prüfer in der Regel nicht gewährt.[198] Hieraus entstehende Ineffizienzen werden bislang oftmals billigend in Kauf genommen.[199] Will man die Unternehmen nicht über gesetzliche Regelungen zu der Gewährung eines direkten Zugriffes auf deren IT-Systeme verpflichten, so bleibt lediglich die Möglichkeit diese durch signifikante Effizienzgewinne bei der Prüfung von der Vorteilhaftigkeit zu überzeugen. Die Zusatzbelastung, die für das Rechnungswesen der Mandanten mit jeder zusätzlichen Datenanfrage während der Prüfung entsteht, welche sowohl Prüfung als auch die Rechnungslegungsprozesse verlangsamt,[200] stellen diesbezüglich eine wesentliche Überlegungsgrundlage dar, bzgl. derer eine Änderung sinnvoll wäre.

Neben den veränderten Bedingungen und Anforderungen um die Beschaffung der beim Mandanten verfügbaren Daten, sind auch Herausforderung im Umgang insb. der Verarbeitung dieser absehbar. So werden Entscheidungen über zu erlangende Prüfungsnachweise, wenn Datenmengen unzureichend sind, zunehmend durch ähnliche Entscheidungen angesichts

---

[196] Vgl. Harder (2019), S. 1481
[197] Vgl. Gray/Debreceny (2014), S. 22
[198] Vgl. ebd.
[199] Vgl. Burg et al. (2017), S. 124
[200] Vgl. Wilson (2017), Tz. 1

einer Datenüberlastung abgelöst.[201] Diese Überlegung knüpft somit an die im Umfeld der Industrie 4.0 durch Big Data und IoT zu erwartende Informationsüberlastung (Information Overload) an.[202] Eine Einschätzung des zu erwartenden Ausmaßes liefert die derzeitige Prognose einer weltweit jährlich 30-prozentigen Zunahme an generierten Daten in strukturierter und unstrukturierter Form bis auf etwa 163 Zettabyte im Jahre 2025.[203]

Eine aus dem Umgang mit dieser exzessiver Informationsausstattung erwachsende Herausforderung ist die Schwierigkeit irrelevante Informationen herauszufiltern, was wiederum Ineffizienzen im Umgang mit Informationen und negative Implikationen für die Urteilsbildung des Prüfers nach sich ziehen kann.[204] Obwohl effektive datenanalytische Verfahren innerhalb der angesprochenen Daten- und Informationsvielfalt eine radikale Relevanzauslese vornehmen können, bleibt im Regelfall ein signifikanter Bestandteil, der prüferischer Einsicht bedarf.[205] Eine besonders in der anfänglichen Zeit des Einsatzes solcher Technologien in der Prüfung zu erwartende ‚False Positive' Problematik intensiviert diese Herausforderung weiter.[206] Die effiziente Identifikation prüfungsrelevanter Informationen ist dahingehend eine zentrale Bedingung für den prüferischen Umgang mit Big Data und extensiver mandanteninterner Informationsausstattung. Erste erfolgreiche Anwendungsbeispiele der Filterung nach relevanten Informationen in umfangreichen Daten besteht z.B. in der Versicherungsbranche, in der die verfügbaren Informationen zur Risikobeurteilung der Kunden genutzt werden.[207]

Fraglich ist weiterhin jedoch auch, inwieweit der Prüfer für die Erkennung von Fehlern in den Rechnungslegungsinformationen verantwortlich ist, wenn ihm grundsätzlich sämtliche Daten zugänglich gemacht wurden.[208] Während die datenanalytische Prüfung der Gesamtheit der Transaktionen einer Population logischerweise zu einer erhöhten Reichweite der Prüfung

---

[201] Vgl. Krahel/Titera (2014), S. 418
[202] Vgl. Schneider et al. (2014), S. 727
[203] Vgl. Bruckner (2019), S. 5
[204] Vgl. Brown-Liburd et al. (2015), S. 456
[205] Vgl. Tang/Karim (2017), S. 38
[206] Vgl. Yoon et al. (2015), S. 432
[207] Vgl. Brown-Liburd et al. (2015), S. 456
[208] Vgl. Krahel/Titera (2014), S. 418

führt,[209] besteht durch Informationsüberlastung das Risiko, dass aufgrund der Masse, nicht jedem einzelnen Fehler nachgegangen werden kann, der während der Prüfung erkannt wird.[210] Somit besteht kein Grund zu der Annahme, dass durch die bloße Verwendung von Data Analytics in einer Prüfung, in der die Gesamtheit an Daten vollständig vorliegt, gleichzeitig zwangsläufig zu einer fehlerfreien Berichterstattung führt.

Die Herausforderungen der Datenverarbeitung setzen sich darüber hinaus in der Frage nach deren Verlässlichkeit und etwaiger Mehrdeutigkeit fort. Einerseits schließt die mit der Industrie 4.0 einhergehende Automatisierung der Informationsbereitstellung und Verarbeitung durch entsprechende IT-Systeme, prüferisch gesehen risikobehaftetes Eingreifen von Menschen, welches naturgemäß fehleranfälliger ist, zunehmend aus, was die Verlässlichkeit und Integrität sinngemäß erhöht.[211]

Andererseits besteht dennoch ein Risiko für den Prüfer bei der Überprüfung der zur Verfügung gestellten Daten. Anders als bei traditionellen Mandantenunterlagen, so etwa Originale, die in Papierform vorliegen und deren Integrität verhältnismäßig simpel festgestellt werden kann, wird bei der Integritätsbeurteilung elektronischer Daten nunmehr ein nicht zu unterschätzendes Maß technischen Verständnisses notwendig.[212] Andernfalls bestehen erhebliche Schwierigkeiten sicherzustellen, dass der Mandant die Integrität der Daten bis zur Verwendung während der Prüfungshandlungen sichern konnte.[213] Die in der Industrie 4.0 stattfindende Nutzung von IoT und Big Data intensiviert diese Problematik, da mit den zunehmenden Datenbeständen auch eine große Anzahl verschiedenartiger Datenquellen einhergeht.[214]

---

[209] Vgl. Earley (2015), S. 3
[210] Vgl. Krahel/Titera (2014), S. 418
[211] Vgl. Zaeh (2018), S. 451
[212] Vgl. Burg et al. (2017), S. 124
[213] Vgl. Schneider et al. (2015), S. 720
[214] Vgl. Appelbaum et al. (2017), S. 5

5.4 IT-Sicherheit und Datenschutz

Die Verwendung wachsender Datenbestände des Mandanten und der sich zwangsläufig ausdehnende Zugriff auf diese, verursacht künftig wachsende Anforderungen an die vom Prüfer zu gewährleistende Datensicherheit und den Datenschutz.[215] Ein signifikanter Erfolgsfaktor der Prüfung ist die Vertrauensbeziehung zwischen Mandant und Prüfer, die dementsprechend einen maximalen Schutz der vom Ersteren zur Verfügung gestellten Daten elementar für die Zusammenarbeit macht.[216] Der potentiell entstehende wirtschaftliche Schaden aus dem Verlust von vertraulichen Mandanteninformationen, begründet bereits höhere Anforderungen an die Wirtschaftsprüfung, dennoch nehmen diesbezügliche Ansprüche [217] an die IT-Sicherheit bei Prüfungen von Unternehmen der Industrie 4.0 noch einmal signifikant zu. Dies ist im Wesentlichen der erforderlichen Anwendung von datenanalytischen Verfahren mithilfe von Cloud Computing zuzuschreiben.[218] Komplexere datenanalytische Tools werden im Regelfall über WPG-interne Clouds auf zentralisierte Ressourcen zugreifen müssen; so z.B. in Bezug auf die notwendige Rechenleistung oder die Expertise von spezialisierten Datenwissenschaftlern (Data Scientists), die die Prüfungsteams bei der Anwendung unterstützen.[219] Damit einhergeht die zu bewältigende sichere Umsetzung der Datenverarbeitung, -aufbewahrung und -übertragung von Mandantendaten in der Cloud. Die entgegenstehenden Sicherheitsrisiken,[220] die sich aus einer solchen Verwendung der Cloud ergeben, müssen insb. in der Wirtschaftsprüfung angemessen bedacht werden.

Auch ist die Anwendung von Cloud Computing innerhalb der Prüfung von einem datenschutzrechtlichen Standpunkt aus, insbesondere unter Rückgriff auf Cloud-Kapazitäten externer Dienstleister, durch Hürden bzgl. der Umsetzung gekennzeichnet.

---

[215] Vgl. Rega/Teipel (2016), S. 41
[216] Vgl Langhein et al. (2018a), S. 425
[217] Vgl. Meuldijk (2017), S. 34
[218] Vgl. Financial Reporting Council (2017), S. 10
[219] Vgl. DAWG (2016), Tz. 18d
[220] Vgl. u.a. Lampe et al. (2012), S. 9

So sind neben zu berücksichtigenden grundsätzlichen Vorbehalten der Mandanten[221] auch gem. §64 BDSG rechtlich vorgeschriebene Anforderungen an technische und organisatorische Maßnahmen für ein „angemessenes Schutzniveau" bei der Verarbeitung personenbezogener Daten zu berücksichtigen und sicherzustellen.

Weitere Komplexität ergibt sich folgegemäß bei grenzüberschreitenden, internationalen Konzernprüfungen (Group Audits),[222] welche dann die Berücksichtigung verschiedener nationaler Gesetzesnormen für die Nutzung von Cloud Computing notwendig macht.

5.5 Vereinbarkeit mit Berufsgrundsätzen

§ 43 Abs. 1 WPO definiert eine Reihe an grundlegenden Berufspflichten, deren Einhaltung dem WP obliegt. Diese Berufsgrundsätze, die wichtige Voraussetzungen für eine Prüfungstauglichkeit des WP darstellen, bedürfen angesichts des technologischen Fortschritts einer angemessenen Reflektion zur Erhaltung und Stärkung durch den Berufsstand. Bereits jetzt steht die Besorgnis abnehmender Unabhängigkeit des Prüfers im Raum.[223] Dies ist im Wesentlichen auf die mit zunehmendem Digitalisierungsgrad der Unternehmen der Industrie 4.0 erforderlich werdende kontinuierliche Gestaltung der Prüfung[224] (Continuous Audit) zurückzuführen.

Für die Implementierung solcher kontinuierlichen und unterjährigen Prüfungsprozesse wird im Regelfall fraglos eine längerfristige Zusammenarbeit zwischen Mandant und WP erfolgen, welche sich objektiv allerdings als Beratungsleistungen charakterisieren lassen.[225] Diese würden den WP jedoch gem. § 319 Abs. 3 Nr. 3 a) HGB von der letztendlichen Prüfungstätigkeit ausschließen. Neben der angesprochenen zunehmenden Integration von Prüfer- und Mandantensystem, bspw. für direkten Datenzugriff zu Analysezwecken, wird der Prüfer zwangsläufig auch Teil des IT-

---

[221] Vgl. Adelmeyer/Teuteberg (2016), S. 705
[222] Vgl. Financial Reporting Council (2017), S. 10
[223] Vgl. Rausenberger/Prenrecaj (2017), S. 783
[224] Auf die Notwendigkeit einer derartigen Gestaltung wurde in Abschnitt 3.2.1 eingegangen.
[225] Vgl. Kiesow et al. (2016), S. 8

Systems und des IKS des Mandanten,[226] was die Herausforderung auszuschließen, dass Selbstprüfungstatbestände erfüllt werden, weiter an Relevanz gewinnen lässt. Auch das Ziel einer Stärkung der Prüferunabhängigkeit durch die mit der EU-VO 537/2014[227] verpflichtenden externen Prüferrotation führt, aufgrund des immensen Mehraufwands, der bei Erstjahresprüfungen in der Industrie 4.0 für den Aufbau solche Systemverknüpfungen anfällt,[228] zu weiteren Komplikationen bei der Sicherstellung der Prüferunabhängigkeit.

Weiterhin wird auch der Verschwiegenheitsgrundsatz von den Digitalisierungsbestrebungen innerhalb der Branche tangiert. Die mögliche Problematik zwischen diesem Grundsatz und einer Digitalisierung der Prüfung manifestiert sich deutlich in Bezug auf die Nutzung von Cloud Computing zur Verarbeitung und Analyse von Mandantendaten und der besonderen Notwendigkeit einer umfassenden Absicherung von Mandantendaten und diesbezüglich des verarbeitenden Systems insbesondere hinsichtlich Speicherort, Sicherheitsvorkehrungen und Kontrolle.[229]

Grundsätzlich ist mit der unsachgemäßen Weitergabe sensibler Mandantendaten an einen Dritten (so z.B. eines externen Cloud Dienstleisters) ein Verstoß gegen den Verschwiegenheitsgrundsatz und somit die Erfüllung des Haftungstatbestands des Prüfers gem. § 323 Abs. 1 HGB gegeben. Gerade für kleine und mittlere WPGn bestand somit die Problematik, Cloud Computing aufgrund der Kapitalintensität einer selbstbetriebenen Private Cloud,[230] für die Prüfung nicht nutzen zu können. Allerdings wurde bereits 2017 mit der Novellierung des § 203 StGB und § 50a WPO eine Anpassung des gegensätzlichen Verhältnisses aus Schutz der Vertraulichkeit zwischen Prüfer und Mandant einerseits und der Notwendigkeit externe Cloud-Dienstleister in Anbetracht wachsender Herausforderungen der Digitalisierung in die Prüfung einzubeziehen andererseits, angemessen bedacht.[231]

---

[226] Vgl. Langhein et al. (2018a), S. 422
[227] EU Verordnung über spezifische Anforderungen an die Abschlussprüfung bei Unternehmen von öffentlichem Interesse (2014)
[228] Vgl. Kiesow/Thomas (2016), S. 716
[229] Vgl. Adelmeyer/Teuteberg (2016), S. 704 f.
[230] s. dazu u.a. Lissen et al. (2014), S. 18 ff.
[231] Vgl. Naumann/Feld (2018), S. 309

Eine rechtssichere Implementierung wurde zwar dahingehend ermöglicht, setzt aber wiederum diverse Anforderungen an den externen Dienstleister voraus.[232]

5.6 Überwindung klassischer Prüfungslimitationen

Eine nachhaltige digitale Transformation der Wirtschaftsprüfungsbranche wird zwangsläufig nur mit entsprechender Verbesserung der Prüfung als Ganzes rechtfertigbar sein. Mangels diesbezüglicher Erfahrungswerte kann noch nicht fundiert beurteilt werden, ob der Einsatz neuer Technologien und deren Nutzbarmachung zu Prüfungszwecken tatsächlich Gewinne in Prüfungseffizienz und Prüfungsqualität nach sich ziehen. Datenanalytische Verfahren erhöhen aufgrund der hohen Datenverfügbarkeit, der Möglichkeit vollständiger Analysen trotz wachsender Daten- und Transaktionsmengen und der standardisierten und nachvollziehbaren Ergebnisdarstellung die Effizienz der Prüfung.[233] Dennoch ist die diesbezüglich angesprochene ‚Information Overload'-Problematik zu berücksichtigen.

Während das Kosteneinsparpotenzial, etwa durch die Verwendung moderner Prüfungssoftware, die hinreichend standardisierte Aufgaben automatisiert bewältigt und die Nutzung von Cloud-Ressourcen offensichtlich ist,[234] bleibt fraglich, inwieweit die Prüfungsqualität tatsächlich signifikant gesteigert wird.

Earley (2015) argumentiert dazu, dass die Prüfungsqualität durch Big Data gesteigert wird, da nun mehr neben finanziellen auch auf nicht-finanzielle Daten zurückgegriffen werden kann.[235] Die Verknüpfung dieser Datenarten verspricht letztendlich die stark verbesserte Detektion von Risiken und Geschäftsvorfällen, die nicht dem üblichen Geschäftsgang entsprechen.[236] Dennoch besteht auch in dieser verbesserten Form der Prüfung stets die Möglichkeit der Unvollständigkeit der Datensätze oder deren begrenzter Relevanz für das Treffen bestimmter Prüfungsaussagen,

---

[232] Vgl. IDW (2019), S. 3
[233] Vgl. Lieder/Goldshteyn (2013), S. 593 f.
[234] Vgl. Adelmeyer/Teuteberg (2016), S. 699
[235] Vgl. Earley (2015), S. 495 f.
[236] Vgl. Ruhnke (2017), S. 426

sodass diese weiterhin nicht mit absoluter, sondern hinreichender Sicherheit erfolgen.[237]

Eben deshalb bedarf es einer klaren Reflektion innerhalb der ISA und IDW PS für welche Zwecke und in welchem Umfang unternehmensexterne Daten für welche Prüfungsaussagen herangezogen werden dürfen.[238]

Die Stichtagsbezogenheit der Prüfung der Rechnungslegung des Mandanten und der damit in Verbindung stehenden Vorprüfung von Funktionalität und Wirksamkeit der Kontroll- und IT-Systeme des Mandanten[239] ist eine weitere Ausprägung dessen, was sich als eine Grenze traditioneller Prüfungen anführen lässt. In derzeitiger Ausprägung sind Unternehmensinformationen, die den Stakeholdern zur Verfügung gestellt werden, stets auf Basis historischer Daten und vergangenheitsorientiert.[240] Somit sind sie, auch aufgrund der Verzögerung zwischen Jahresabschlussstichtag bis zur entsprechend geprüfter Veröffentlichung, nur bedingt aktuell. Die hieraus resultierenden Informationsasymmetrien laufen dem Grundsatz der Entscheidungsnützlichkeit i.S.d. IDW PS 200 Rn. 8 der mit der Prüfung erfolgenden Informationsintermediation für die Kapitalmärkte[241] zuwider. Die gesteigerte Relevanz des IKS in digitalisierten Wertschöpfungsketten und damit verbundene automatisierte Datenverarbeitungs- und Datenanalyseprozesse[242] machen eine bereits angesprochene kontinuierliche Prüfung der internen Kontrollprozesse und rechnungslegungsrelevanten Informationen somit allerdings nicht ausschließlich zu einer Herausforderung, sondern auch gleichzeitig zu einer Chance.[243] Die Latenz von Informationen und der dazu in Bezug stehenden Datenverarbeitungssysteme werden innerhalb der Industrie 4.0, hauptsächlich resultierend aus leistungsstärkeren Computerchips, ausgebauter Interkonnektivität

---

[237] Vgl. Arbeitskreis Externe und Interne Überwachung der Unternehmung (2017) in: Krause/Pellens (Hrsg.), S. 328
[238] Vgl. Arbeitskreis Externe und Interne Überwachung der Unternehmung (2017) in: Krause/Pellens (Hrsg.), S. 329
[239] Vgl. Zaeh (2018), S. 451
[240] Vgl. Kiesow/Thomas (2016), S. 712
[241] Vgl. Leyens (2017), S. 3
[242] Vgl. Zaeh (2018), S. 451
[243] Vgl. Groß/Vogl (2016), S. 9

und automatisierter Informationserfassung,[244] fortlaufend reduziert. Dadurch verliert eine traditionelle Jahresabschlussprüfung und sogar die zeitlich enger getaktete Prüfung der Zwischenberichterstattung (in Deutschland ist gem. § 115 Abs. 5 WpHG weder eine Prüfung i.S.d. § 317 HGB noch eine prüferische Durchsicht verpflichtend),[245] bei der Industrie 4.0, die sich u.a. durch die Informationsbereitstellung in Echt-Zeit auszeichnet, zwangsläufig an Bedeutung.

Industrie 4.0 ist gekennzeichnet durch die immer schneller werdende Veränderung von Geschäftsmodellen bei gleichzeitiger Verkürzung von „Technologie- und Marktzyklen".[246] Somit ist auch das Entstehen und die Veränderung für die Prüfung wesentlicher Faktoren und Umstände deutlich enger getaktet und bedarf in letzter Konsequenz auch verkürzter Prüfzyklen.

Eine kontinuierliche Überwachung der Funktionalität und Wirksamkeit des IKS und eine damit verbundene kontinuierliche Einzelfallprüfung von unerwarteten Geschäftsvorfällen zum Entstehungszeitpunkt und nicht erst zum Ende des Geschäftsjahres bietet nunmehr also revolutionäres Potenzial, was die Informationsbereitstellung an die Stakeholder betrifft und somit des Stellenwerts von Prüfungsleistungen.

5.7 Mögliche Vertrauens- und Missbrauchsproblematik

Notwendigerweise sollten die erweiterten technologischen Möglichkeiten nicht dazu führen, dass sich der Prüfer zu sehr auf diese verlässt[247] bzw. beginnt seine prüferische Beurteilung mithilfe digitaler Prüfungsmethoden zu belegen, anstatt diese Beurteilung anhand der eigenständigen Auswertung der Analysen zu bilden. Die DAWG diskutiert die Befürchtung als „Confirmation bias", also die Tendenz in vorliegenden Datenanalysen Informationen auf eine Art und Weise zu suchen, abzurufen, zu interpretieren und zu bevorzugen, dass sie vorangegangene Vermutungen des Prüfers belegen und disproportional widersprechende Information weniger

---

[244] Vgl. Appelbaum et al. (2017), S. 5
[245] Vgl. IDW (2017), Kap. P, Tz. 20
[246] Vgl. Groß/Sellhorn (2017), S. 6
[247] Vgl. Langhein et al. (2018b), S. 1299

zu beachten oder sogar komplett zu verwerfen.[248] Auch besteht die Möglichkeit kognitiver Verzerrungen im Umgang mit diesen Technologien. Hierbei beschreibt Ruhnke (2019) einerseits den „Verfügbarkeitseffekt", dass datenanalytischen Informationen, aufgrund deren Echtzeit-Verfügbarkeit, im Vergleich zu historischen Informationen zu viel Relevanz beigemessen wird,[249] und andererseits die „Unaufmerksamkeitsblindheit", dass sich aufgrund der einfacheren Verfügbarkeit solcher Analysen zu sehr mit den identifizierten Mustern und Beziehungen beschäftigt wird, dabei aber nicht ausreichend Zeit auf die in den Daten nicht vorhandenen Muster, welche aber zu erwarten gewesen wären, verwendet wird.[250]

Letztlich ergibt sich daraus auch die Problematik erhöhter Reputations- und Haftungsrisiken, wenn dem Prüfer alle relevanten Daten zur Verfügung stehen, wesentliche Fehler oder Betrugsfälle trotzdem aber nicht aufgedeckt werden.[251] Bspw. könnten im Falle eines potentiellen Rechtsstreits im Nachhinein sehr viel leichter Indikatoren dafür, dass der tatsächliche Eintritt solcher Fehlerhaftigkeiten innerhalb der Daten ersichtlich war, herangezogen werden.[252] So wären etwa die Hürden an die Erfüllung des Tatbestands der prüferischen Fahrlässigkeit nach 323 Abs. 2 HGB deutlich gesenkt, inkl. der resultierenden Konsequenzen bzgl. Haftung und Reputation.

Neben einer überzogenen Vertrauenshaltung des Prüfers auf Kosten seiner kritischen Grundhaltung ggü. der Kombination aus Mandantendaten und Prüfungs-Tools, ergibt sich auch eine Erweiterung der Missbrauchsproblematik durch die permanente Verfügbarkeit von Prüfungsdaten.

Die effektive Nutzung von Big Data und der damit verbundenen Tools zur prüferischen Datenanalyse bringt in der Industrie 4.0, wie angesprochen, die Notwendigkeit des Zugriffs auf eine Fülle an sensiblen Mandanteninformationen. Wie weiterhin dargestellt wurde, bedarf eine angemessene Implementierung datenanalytischer Prüfverfahren eines permanenten Datenzugriffs, abweichend von traditionellen Jahresabschluss-

---

[248] Vgl. DAWG (2016), Tz.31
[249] Vgl. Ruhnke (2019), S. 69
[250] Vgl. Ebd.
[251] Vgl. Cao et al. (2015), S. 428
[252] Vgl. Ruhnke (2019), S. 69 nach Cao et al. (2015), S. 428

prüfungen.[253] Dieser cloud-basierte Continuous Audit Ansatz zur Bewältigung des disruptiven Einflusses der Industrie 4.0 auf die Prüfung von Rechnungslegungsinformationen[254] vereinfacht prüferseitig nunmehr allerdings auch den eigennützigen Missbrauch seines zunehmenden Informationsvorsprungs. Daher entstehen erweiterte Anforderungen an Verschwiegenheit, Compliance und Integrität des WP, sowie der Bedarf an einem System, dass eben diesen Missbrauch effektiv verhindert.

---

[253] Vgl. DAWG (2016), Tz. 40
[254] Vgl. Burg et al. (2017), S. 125

6 Entwicklung zur Wirtschaftsprüfung der Industrie 4.0

Im Hinblick auf die erläuterte Notwendigkeit einer Transformation der Branche aufgrund der Entwicklungen zur Industrie 4.0 und in Anbetracht der diskutierten Faktoren, die den Erfolg dieser Transformation maßgeblich determinieren, verbleibt nun die Frage nach dem derzeitigen Stand und der weiteren Entwicklung der Branche. Diesbezüglich erfolgt die Darstellung eines Stufenmodells von Kiesow (2016), indem die in der Literatur diskutierten Verbesserungspotenziale der Prüfung und der Weiterentwicklung gemessen an ihrem Automatisierungs- und Digitalisierungsgrad abgebildet werden.[255]

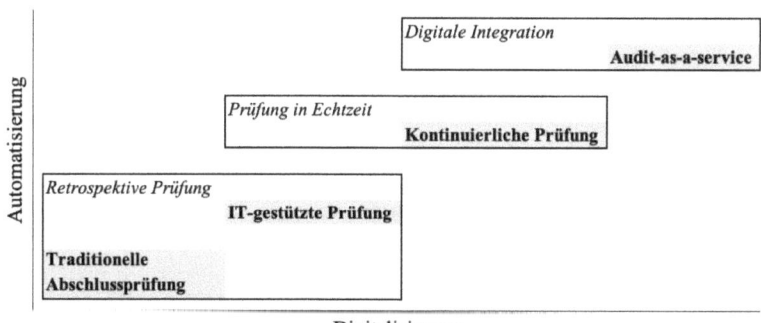

Abbildung 1: Entwicklungsstufen der Wirtschaftsprüfung in Anlehnung an Kiesow (2016)

Ausgehend von der *traditionellen Abschlussprüfung*, die sich neben der Aufbau-und Funktionsprüfung im Wesentlichen durch manuell ausgeführte aussagebezogene Prüfungshandlungen (z.B. Befragungen) kennzeichnen lässt,[256] ist der erste Entwicklungsschritt, die *IT-gestützte Prüfung*. Einerseits soll der Einsatz von Standardprüfprogrammen die Automatisierung intern wiederkehrender Aufgaben erfolgen und somit auch die die Prüfung effizient unterstützen.[257] Andererseits sollen entsprechende IT-gestützte Prüfungstechniken, die Wirtschaftlichkeit und Effektivität der Prüfung unter Zuhilfenahme digitalisierter und strukturierter Mandantendaten erhöhen.[258] Hier ist auch der derzeitige

---

[255] Vgl. Kiesow/Thomas (2016), S. 709 f.
[256] Vgl. IDW PS 300 Tz. A12
[257] Vgl. IDW PS 330, Tz. 101
[258] Vgl. IDW PS 330, Tz. 94

durchschnittliche Entwicklungsstand der Prüfung zu verorten, wobei der Einsatz moderner datenanalytischer Verfahren in der Prüfung, die nunmehr den Gesamtbuchungsbestand des Mandanten zum Ende des Geschäftsjahres mit verschiedenen Zielsetzungen analysieren, den fortschrittlicheren Teil der Prüfer kennzeichnen. Beispiele für die technische Umsetzung solcher datenanalytischer Verfahren zur verbesserten Identifikation von Anomalien, Risikoerkennung, Prozesstransparenz und erhöhten Prüfungssicherheit sind u.a. „Halo" von PricewaterhouseCoopers, „Helix" von Ernst&Young und „Advantage" von BDO.[259] Gemeinsam ist diesen Verfahren jedoch, dass sie, wie die Prüfung selbst, retrospektiv ausgelegt sind.[260] Dementsprechend wird hier der Bezug zu der Thematik einer prüferischen Antwort auf Industrie 4.0 aus den erläuterten Gesichtspunkten heraus, durchaus zunehmend tragend. Der Grund aus der dem *Continuous Audit* Ansatz, die Prüfung in Echtzeit, als nächster Entwicklungsschritt wieder mehr praktische Bedeutung zu Teil wird, ist eng verknüpft mit der Evolution von Informations- und Datenanalysetechnologien, die die realistisch umsetzbaren Überwachungs- und Prüfungsaktivitäten signifikant erweitert haben.[261]

Zudem entsteht für eine effektive und effiziente Prüfung im Umfeld der Industrie 4.0 auch vermehrt die Notwendigkeit dieses Prüfungsansatzes, um angemessen auf die neue Systemkomplexität als auch auf die Masse, Dynamik und Frequenz der generierten prüfungsrelevanten Daten zu reagieren.[262] Big Data[263] und Cloud Computing[264] als technologische Begleiter dieser Entwicklung, verdeutlichen dieses Erfordernis weiter.

Ein positiver Nebeneffekt dieser zunehmend erzwungenen Evolution des Prüfungsansatzes besteht prüferseitig mit der Abnahme der regelmäßig zum Jahreswechsel anfallenden Arbeitsbelastung (Busy season) und der Möglichkeit einer gleichmäßigeren Verteilung über das Geschäftsjahr, sodass Leerkosten durch Personal, dass nur in diesem Zeitraum in

---

[259] Vgl. Ruhnke (2019), S. 66
[260] Vgl. Kiesow/Thomas (2016), S. 713
[261] Vgl. Burmgarneer/Vasarhelyi (2018), S. 28
[262] Vgl. Groß/Vogl (2016), S. 3 ff.
[263] Vgl. Burmgarneer/Vasarhelyi (2018), S. 7
[264] Vgl. Byrnes et al. (2014), S. 102

Vollauslastung steht, reduziert werden.[265] Gleichzeitig wird mandantenseitig eine geprüfte zeitnahe Berichterstattung für die Stakeholder ermöglicht, selbst wenn sich diese zunächst nur auf zentrale KPIs beschränkt und naturgemäß nicht den Umfang ganzer Jahresabschlüsse aufweist.[266]

Allerdings bestehen neben der bisher hervorgehobenen technischen Umsetzbarkeit des Continuous Audit eine Vielzahl an Problemen bzgl. der praktischen Umsetzung, die analog zu den erläuterten kritischen Erfolgsfaktoren der digitalen Transformation der Prüfung zu charakterisieren sind: Der Digitalisierungsgrad der Mandanten, Probleme mit der Beschaffung und Verarbeitung von Daten, die Anforderungen an IT-Sicherheit, Datenschutz und die erläuterte Fraglichkeit eines möglichen Missbrauchs der Daten und einer Unvereinbarkeit mit den Berufsgrundsätzen, insb. der Unabhängigkeit des Prüfers.

Der Ansatz eines *Audit-as-a-service* befasst sich daher ergänzend zum Continuous Audit Ansatz weniger mit der technischen als mit der praktischen Umsetzbarkeit von kontinuierlichen Prüfungsleistungen.[267] Vorgeschlagen wird diesbezüglich die Integration eines spezialisierten „Informationsdienstleisters" in die Wertschöpfungskette zwischen WP und Mandant, dessen Hauptaufgabe in der Entwicklung systemunabhängiger Methoden zur kontinuierlichen Extraktion von prüfungsrelevanten Daten der Mandantensysteme und anschließender Transformation in ein einheitliches Datenformat, das sich für unterjährig kontinuierliche Prüfungshandlungen durch WPs eignet.[268] Vorteilhaft an einer solchen Umgestaltung des Geschäftsmodells für Prüfungsleistungen angesichts der Bestrebungen in Richtung Industrie 4.0, bestehen vor allem in Bezug auf die Prüferunabhängigkeit. Einerseits wird verhindert, dass der Prüfer als permanente Kontrollinstanz Teil des zu prüfenden IKS des Mandanten wird indem eine dritte Partei als Schnittstelle dient,[269] andererseits erfolgt eine maßgebliche Reduktion der Problematik, vor die WPGn durch eine verpflichtende Prüferrotation in einer solchen Umgebung gestellt

---

[265] Vgl. Rega/Teipel (2016) S. 44
[266] Vgl. Groß/Vogl (2016), S. 4f.
[267] Vgl. Kiesow (2017), S. 21
[268] Vgl. Kiesow/Thomas (2016), S. 714
[269] Vgl. Burmgarner/Vasarhelyi (2018), S. 17

würden,[270] da die geschaffenen Schnittstellenstrukturen nicht einfach hinfällig werden. Auch ist der Prüfer weniger vom angesprochenen Digitalisierungsgrad seiner Mandanten abhängig und die Datenbeschaffungsrestriktionen werden durch resultierende Standardisierungen und Harmonisierungen signifikant reduziert.[271] Letztlich werden insb. kleine und mittelständische WPGn durch dieses Audit-as-a-Service Konzept nicht mehr derart unmittelbar und wettbewerbsentscheidend von den zunehmenden Anforderungen an IT-Sicherheit und Datenschutz tangiert, da diese, zumindest in Bezug auf die Datenschnittstellen, dem Datendienstleister obliegen. Dies erlaubt den WPGn wiederum sich auch im Umfeld der Industrie 4.0 auf Prüfungstechnologien zu fokussieren, ohne ihr Geschäftsmodell zu sehr diversifizieren zu müssen. Zentrale Hürden in der Umsetzung dieses Konzepts bestehen in der notwendigen Vertrauensbasis, sowohl seitens der Mandanten als auch der WPGn, die ein branchenfremder Dienstleister haben müsste und in der Verschiedenartigkeit der zu transformierenden Datensätze.[272] Dennoch besteht mit diesem Konzept ein konkreter Ansatz, wie sich das Geschäftsmodell der Erbringung von Prüfungsdienstleistungen in die vielfältig veränderten Anforderungen der Industrie 4.0 übersetzen ließe und gleichzeitig in Form von zeitnaher Berichterstattung[273] und verbesserter Prüfungsqualität und Effizienz tatsächliche Mehrwerte geschaffen werden können.

---

[270] Vgl. Kiesow/Thomas (2016), S. 716
[271] Vgl. Langhein et al. (2018a), S. 423
[272] Vgl. ebd.
[273] Vgl. Kiesow/Thomas (2017), S. 716

7 Fazit

Die eingangs erwähnte Substitutionsprognose von WPs nach Frey/Osborne (2013) kann im Rahmen dieser Arbeit nicht gestützt werden. Dennoch wurde herausgearbeitet, dass der Prozess der Digitalisierung im Allgemeinen und die angestoßene Entwicklung in Richtung Industrie 4.0 im Besonderen massive Veränderungen in der Wirtschaftsprüfungsbranche verursacht. Diese resultieren hauptsächlich aus der in einem solchen Umfeld zunehmenden Dynamik der Geschäftsmodelle der Mandanten, sowie deren systemseitig verstärkte Interkonnektivität entlang der Wertschöpfungsprozesse, die die Informationsbereitstellung an das Rechnungswesen revolutioniert. Die dadurch ermöglichte fortschreitende Automatisierung des Rechnungswesens, führt aus Prüferperspektive zu einer stetig steigenden Anzahl der bei der Prüfung zu berücksichtigenden Informationsquellen und vorgelagerten Prozessen, die Komplexität und Umfang der Prüfung steigern.

Es wurde dargestellt, dass traditionelle Prüfungshandlungen, wie Inventurbeobachtungen oder das Prüfen in Stichproben, angesichts dieser Komplexität zunehmend impraktikabel werden und zukünftig nur noch bedingt wirtschaftliche Prüfungen zulassen. Gleichzeitig bieten die hoch automatisierten Mandantensysteme dem Prüfer jedoch auch die Möglichkeit der Anwendung moderner datenanalytischer Verfahren, wie Data Mining, Process Mining und Predictive Analytics etc., die wiederum die Effizienz und Effektivität von Prüfungen steigern können. Eine aus der Digitalisierung erwachsene Gefahr besteht für die Wirtschaftsprüfung daher vor allem in der ausbleibenden Implementierung solcher Technologien.

Neben der technologischen Disruption bedingt das Erfordernis die Prüfung relevant für die Stakeholder zu halten, einer veränderten Erwartungshaltung der Mandanten gerecht zu werden und die zukünftige Wettbewerbsfähigkeit zu erhalten, die Notwendigkeit einer digitalen Transformation von Prüfung und Prüfer. Sich daraus ergebende Veränderungen beziehen sich im Wesentlichen auf das Berufsbild, die Kompetenzen und die Ausbildung der WPs, die fälligen Investitionen in Prüfungstechnologien und Änderungen der Personalpolitik der WPGn, eine weitere Konsolidierung des Prüfungsmarkts und Erweiterungen im Dienstleistungsportfolio. Der Einsatz datenanalytischer Technologien macht auch eine Veränderung der Konzipierung der Prüfung denkbar. So wäre es in

Bezug auf die Industrie 4.0 erforderlich und vielversprechend, datenanalytische Verfahren aufgrund des Volumens, der vielfältigen Herkunft und der Unstrukturiertheit der prüfungsrelevanten zugrunde liegenden Datensätze kontinuierlich und explorativ einzusetzen. Der Erfolg einer solchen, grundlegenden Transformation, wird durch eine Reihe interner und externer Einflussfaktoren maßgeblich bestimmt. So ist intern vor allem die praktische Umsetzung des Einsatzes moderner Prüfungstechnologien anzuführen, der die Prüfer künftig vor größere Herausforderungen im Bereich der Beschaffung und Verarbeitung dieses Datenaufkommens, der IT-Sicherheit, des Datenschutzes und der Compliance stellt. Extern sind entsprechende Anpassungen des prüfungsbezogenen Reglements, die das Potenzial neuer Technologien reflektieren, das Level der technisch möglichen Zusammenarbeit mit den Mandanten und die tatsächliche Realisierung von Prüfungsverbesserungen ausschlaggebend.

Das Beispiel der Industrie 4.0 verdeutlicht, dass eine retrospektive Berichterstattung und Prüfung die technisch ermöglichte Echtzeit-Verfügbarkeit von Mandanteninformationen nicht berücksichtigt und in diesem Umfeld somit von abnehmender Relevanz und lediglich bedingt im Interesse der Abschlussadressaten ist.

Dies berücksichtigende Konzepte zur Implementierung kontinuierlicher Prüfungshandlungen sind in der wissenschaftlichen Literatur zu Abschlussprüfungen nicht neu, sondern werden bereits seit nunmehr 20 Jahren diskutiert. Dennoch konnte mit dieser Arbeit dargelegt werden, dass aufgrund des Erfordernisses die Prüfungsqualität trotz signifikant ansteigender Komplexität der Prüfungsobjekte zu erhalten und mithilfe des umfassenden Einsatzes moderner Prüfungstechnologien ggf. sogar zu steigern, kontinuierliche Prüfungshandlungen in der Industrie 4.0 stetig bedeutsamer werden. Bzgl. der Problematik der praktischen Umsetzung von kontinuierlichen Prüfungen, präsentiert sich der Audit-as-a-service Ansatz als ein alternatives Dienstleistungsmodell, welches sich durchaus hilfestellend auf die Anforderungen an Prüfungsleistungen in der Industrie 4.0 übertragen lassen. Dennoch gilt es bzgl. der unmittelbaren Entwicklung der Wirtschaftsprüfung, ebenso wie bei der Industrie 4.0, innerhalb der nächsten Jahre realistisch zu bleiben. Die in der Literatur gängige Auffassung, dass derart tiefgreifende Veränderungen in der Branche erst dann angestoßen würden, wenn das Ausbleiben als ernsthafte Bedrohung wahrgenommen wird, unterstreicht, dass die Prüfer ihren Mandanten in

Bezug auf die Digitalisierung stets ein wenig nachstehen werden. Dennoch ist die kontinuierliche Adaption von Prüfungstechnologien für die einzelnen WPGn wie für die ganze Branche essentiell, um mit den derzeitigen und künftigen Entwicklungen der Mandanten auf dem Weg zur Industrie 4.0 Schritt halten zu können.

Literaturverzeichnis

Fachzeitschriften

Adelmeyer/Teuteberg (2016) Adelmeyer, F., Teuteberg, F.: "Cloud-Architekturen für Datenanalysen in Wirtschaftsprüfungsgesellschaften", *HMD Praxis der Wirtschaftsinformatik*, Vol. 53, No. 5, 2016 S. 698-711

Alles (2015) Alles, M.: "Drivers of the Use and Facilitators of the Obstacles of the Evolution of Big Data by the Audit profession", *Accounting Horizons*, Vol 29, No. 2, 2015 S. 439-449

Appelbaum et al. (2017) Appelbaum, D., Kogan, A., Vasarhelyi, M.: "Big Data and Analytics in the Modern Audit Engagement: Research Needs", *Auditing: A Journal of Practice & Theory*, 2017, Vol 36, No. 4 S. 1-27

Beyhs/Poymanov (2019) Beyhs, O., Poymanov, A.: "Digitalisierung im Accounting und Reporting: Überblick und Systematisierung aktueller praktischer Entwicklungen", *Zeitschrift für Internationale Rechnungslegung*, Heft 1, 2019 S. 19-28

Brown-Liburd et al. (2015) Brown-Liburd, H., Issa, H., Lombardi, D.: "Behavioral Implications of Big Data's Impact on Audit Judgement and Decision Making and Future Research Directions", *Accounting Horizons*, Vol. 29, No. 2, 2015 S. 451-468

Bruckner (2019) Bruckner, A.: "Digitalisierung: Nur wer die Risiken beherrscht, kann Chancen erfolgreich nutzen", *Zeitschrift für Internationale Rechnungslegung*, Heft 1, 2019 S. 5-6

Burg et al. (2017) Burg, T., Klüber, J., Langenbrink, S., Pott, C.: "Industrie 4.0 – Chancen und Risiken für die Wirtschaftsprüfung", *WP Praxis* Nr. 5, NWB Verlag 2017 S. 122-130

Cahan et al. (2011) Cahan, S., Jeter, D., Naiker, V.: "Are all Industry Specialist Auditors the Same?", *Auditing: A Journal of Practice & Theory*; Vol. 30, No. 4, 2011 S. 191- 222

Cangemi (2010) Cangemi, M.: "Internal Audit's Role in Continuous Monitoring", *EDPACS: The EDP Audit*, Control and Security Newsletter, Vol. 41, No. 4, 2010 S. 1-8

Cao et al. (2015) Cao, M., Chychyla, R., Stewart, T.: "Big Data in Financial Statement Audits", *Accounting Horizons*, 2015, Vol. 29, No. 2 S. 423-429

Dai/Vasarhelyi (2016) Dai, J., Vasarhelyi, M.: "Imagineering Audit 4.0", *Journal of Emerging Technologies in Accounting*, Vol.13, No. 1, 2016 S. 1-15

Deutsch (2019) Deutsch, A.: "Disruption als Chance für den Abschlussprüfer?", *Die Wirtschaftsprüfung*, 2019 S. 496-501

Earley (2015) Earley, C.: "Data Analytics in auditing: Opportunities and challenges", *Business Horizons*, 2015, Volume 58, No. 5: S. 493-500

Gandomi/Haider (2014) Gandomi, A., Haider, M.: "Beyond the hype: Big data concepts, methods, and analytics", *International Journal of Information Management*, Vol. 35, 2015 S. 137-144

Göttsche et al. (2018) Göttsche, M., Steidl, T., Baier, C., Amann, T., Zipfel, L.: "Die Auswirkungen der Digitalisierung auf den Berufsstand des Wirtschaftsprüfers: Schafft sich die Wirtschaftsprüfung im Zuge der Digitalisierung selbst ab?", *Zeitschrift für Internationale Rechnungslegung*, 2018 S. 401-405

Gray/Debreceny (2014) Gray, G., Debreceny, R.: "A taxonomy to guide research on the application of data mining to fraud detection in financial statement audits", *International Journal of Accounting Information Systems*, Volume 15, No. 4 S. 357-380

Groß et al. (2018) Groß, S., Kummer, J., Oberwallner, K., Sellhorn, T., Vogl, A.: „Digitalisierung in der Wirtschaftsprüfung: Beyond the Hype – Tagungsbericht zum 1. Münchener Round Table", *Die Wirtschaftsprüfung*, 2018 S. 127-131

Harder (2018) Harder, R: „Data Analytics in der Abschlussprüfung – Umfrage des IAASB, aktuelle Entwicklungen und weiteres Vorgehen", *Die Wirtschaftsprüfung*, 2018 S. 1480-1487

Hermann et al. (2015)Hermann, M., Pentek, T., Otto, B.: "Design Principles for Industrie 4.0 Scenarios: A Literature Review", Technische Universität Dortmund, Working Paper, No.1, 2015 S. 1-16

IFAC (2018) International Federation of Accountants: "2018 IFAC Global SMP Survey", in: "Größte Herausforderungen für WP-Praxen sind digitale Transformation und Personal", *Die Wirtschaftsprüfung*, 2018 S. 1541

Jelinek (2015) Jelinek, K.: „The auditing profession: Accounting for some things", *Business Horizons*, Vol. 58, No. 5, 2015 S. 483-484

Kempf (2017) Kempf, D.: „Braucht die Industrie 4.0 einen Wirtschaftsprüfer 4.0?", *Die Wirtschaftsprüfung*, 2017 S. 1299-1302

Kompenhans/Wermelt (2019) Kompenhans, H., Wermelt, A.: „Smarter prüfen: Abschlussprüfung 4.0", *Lünendonk Magazin*, Ausg. 3, 2019 S. 44-45

Kiesow/Thomas (2016) Kiesow, A., Tomas, O.: "Digitale Transformation der Abschlussprüfung", *Die Wirtschaftsprüfung*, 2016 S.709-716

Krahel/Titera (2015) Krahel, J., Titera, W.: "Consequences of Big Data and Formalization on Accounting and Auditing Standards", *Accounting Horizons*, Vol. 29, No. 2 S. 409-422

Lampe et al. (2012) Lampe, U., Wenge, O., Müller, A., Schaarschmidt, R.: „Cloud Computing in the Financial Industry – A Road Paved with Security Pitfalls?", in: Proceedings of the 18th Americas Conference on Information Systems (AMCIS 2012), *Association of Information Systems*, 2012 S. 1-11

Langhein et al. (2018a) Langhein, J., Kiesow, A., Strobel, C., Thomas, O. (2018): "Digitale Wirtschaftsprüfung – Make or Buy?", Springer Verlag Wiesbaden

Lieder/Goldshteyn (2013) Lieder, H., Goldshteyn, M.: "Effizienzsteigerung der Abschlussprüfung durch Datenanalyse", *Die Wirtschaftsprüfung*, 2013 S. 586-595

Lombardi et al. (2014) Lombardi, D., Bloch, R., Vasarhelyi, M.: "The Future of Audit", *Journal of Information Systems and Technology Management*, Vol. 11, No. 1, 2014 S. 21-32

Marten at al. (2017) Marten, K., Czupalla, K., Harder, R.: "Digitalisierung in der Wirtschaftsprüfung und der Internen Revision", *Die Wirtschaftsprüfung*, 2017 S. 1233-1241

Meuldijk (2017) Meuldijk, M.: "Impact of digitalization on the audit profession", *Audit Committee News*, Ed. 58, Q3 2017 S. 34-35

Meuldijk/Wattenhofer (2017) Meuldijk, M., Wattenhofer, T.: "Auswirkungen der Digitalisierung auf den Beruf des Wirtschaftsprüfers: Prüfansätze und Berufsbild überdenken", *Expert Focus*, 11. Aufl., 2017 S. 766-772

Rausenberger/Prenrecaj (2017) Rausenberger, R., Prenrecaj, K.: „Audit 4.0 – Digitale Wirtschaftsprüfung: Der Einsatz von innovativen Technologien verändert Abschlussprüfung und -prüfer", *Expert Focus*, 11. Aufl., 2017 779-783

Rega/Teipel (2016) Rega, I., Teipel, G.: "Digitalisierung in der Wirtschaft und im Berufsstand", *Die Wirtschaftsprüfung*, 2016 S. 39-45

Ruhnke (2017) Ruhnke, K.: "Transformation der Abschlussprüfung durch Big Data Analytics", *Die Wirtschaftsprüfung*, 2017 S. 422-427

Ruhnke (2019) Ruhnke, K.: "Auf dem Weg zu Big Data Analytics in der Abschlussprüfung: Auswirkungen und Herausforderungen", *Die Wirtschaftsprüfung*, 2019 S. 64-71

Schneider et al. (2015) Schneider, G., Dai, J., Janvrin, D., Ajayi, K., Raschke, R.: "Infer, Predict, and Assure: Accounting Opportunities in Data Analytics", *Accounting Horizons*, Vol. 29, No. 3, 2015 S. 719-742

Sivarajah et al. (2017)Sivarajah, U., Kamal, M., Irani, Z., Weerakkody, V.: "Critical Analysis of Big Data Challenges and analytical methods", *Journal of Business Research*, Vol. 70, 2017 S. 263- 286

Titera (2013) Titera, W.: "Updating Audit Standard – Enabling Audit Data Analysis", *Journal of Information Systems*, Vol. 27, No. 1, 2013 S. 325-331

Tönsgerlemann/Reutter (2019)

Tönsgerlemann, C., Reutter, F.: "Einsatzgebiete und Mehrwert durch Process Mining", *Lünendonk Magazin*, Ausg. 3, 2019 S. 28-29

Vasarhelyi et al. (2015) Vasarhelyi, M., Kogan, A., Tuttle, B.: "Big Data in Accounting: An Overview", *Accounting Horizons,* Vol. 29, No. 2 S. 381-396

Velte/Drews (2018) Velte, P., Drews, P.: "Herausforderungen in der Wirtschaftsprüfung durch den Einsatz von Big-Data-Technologien – Welche Impulse muss die Prüfungsforschung geben?", *Der Betrieb*, Nr. 43, 2018 S. 2581-2585

Wolf/Strohschen (2018) Wolf, T., Strohschen, J.: „Digitalisierung: Definition und Reife – Quantitative Bewertung der digitalen Reife", *Informatik Spektrum*, Vol. 41, No. 1, 2018 S. 56-64

Yoon et al. (2015) Yoon, K., Hoogduin, L., Zhang, L.: "Big Data as Complementary Audit Evidence", *Accounting Horizons*, Vol. 29, No. 2, 2015 S. 431-438

Internet Quellen

Alles et al. (2008) Alles, M., Kogan, A., Vasarhelyi, M.: "Audit Automation for Implementing Continuous Auditing: Principles and Problems", Rutgers Business School, 2008 Abrufbar unter: https://pdfs.semanticscholar.org/8b18/0cce18843052fb21c65e766b25864911a8b0.pdf (Letzter Abruf: 11.06.2019)

Bitkom (2015) Krösmann, C., Mütze, B.: "Digitalisierung verändert die gesamte Wirtschaft", 2015 Abrufbar unter: https://www.bitkom.org/Presse/Presseinformation/Digitalisierung-veraendert-die-gesamte-Wirtschaft.html (Letzter Abruf: 05.06.2019)

Burmgarner/Vasarhelyi (2018) Burmgarner, N., Vasarhelyi, M.: "Continuous Auditing – A New View" in Continuous Auditing, 2018 Abrufbar unter: https://doi.org/10.1108/978-1-78743-413-420181002 (Letzter Abruf: 05.06.2019)

Byrnes et al. (2014) Byrnes, P., Criste, T., Stewart, T., Vasarhelyi, M.: "Reimagining Auditing in a Wired World", AICPA Whitepaper, 2014 Abrufbar unter: http://citeseerx.ist.psu.edu/viewdoc/download?doi=10.1.1.646.9343&rep=rep1&type=pdf (Letzter Abruf: 05.06.2019)

DAWG (2016) Data Analytics Working Group (IAASB): "Exploring the Growing Use of Technology in the Audit, with a Focus on Data Analytics", 2016 Abrufbar unter: https://www.ifac.org/system/files/publications/files/IAASB-Data-Analytics-WG-Publication-Aug-25-2016-for-comms-9.1.16.pdf (Letzter Abruf: 05.06.2019)

Dengler/Matthes (2015) Dengler, K., Matthes, B.: "Folgen der Digitalisierung für die Arbeitswelt – In kaum einem Beruf ist der Mensch vollständig ersetzbar", IAB Kurzbericht, 2015 Abrufbar unter: http://doku.iab.de/kurzber/2015/kb2415.pdf (Letzter Abruf: 11.06.2019)

Financial Reporting Council (2017) Financial Reporting Council: "Audit Quality Thematic Review – The Use of Data Analytics in the Audit of Financial Statements", 2017 Abrufbar unter: https://www.frc.org.uk/getattachment/4fd19a18-1beb-4959-8737-ae2dca80af67/AQTR_Audit-Data-Analytics-Jan-2017.pdf (Letzter Abruf: 05.06.2019)

Frey/Osborne (2013) Frey, C., Osborne, M.: „The Future of Employment: How susceptible are Jobs to Computerisation", 2013 Abrufbar unter: https://www.oxfordmartin.ox.ac.uk/downloads/academic/The_Future_of_Employment.pdf (Letzter Abruf: 05.06.2019)

IDW (2019) Institut der Wirtschaftsprüfer: "Hilfestellung zur Beauftragung von Dienstleistern", 2019 Abrufbar unter: https://www.idw.de/blob/115228/d19d2eacc9b219c48d6da319044a81ef/down-dienstleistungen-hilfestellung-2019-data.pdf (Letzter Abruf: 05.06.2019)

IDW Arbeitskreis (2018) IDW Arbeitskreis „Corporate Governance und Gesellschaftsrecht": „EU-Regulierung der Abschlussprüfung – IDW Positionspapier zur Ausschreibung der Abschlussprüfung für Unternehmen von öffentlichem Interesse", 2018 Abrufbar unter: https://www.idw.de/blob/87716/3b4d45139885d8ebeddcb9ba956413dc/down-positionspapier-ausschreibung-ap-data.pdf (Letzter Abruf: 11.06.2019)

Justenhoven et al. (2018) Justenhoven, P., Loitz, R., Sechser, J.: „Digitalisation in finance and accounting and what it means for financial statement audits", PwC, 2018 Abrufbar unter: https://www.pwc.de/de/im-fokus/digitale-abschlusspruefung/pwc-digitalisation-in-finance-2018.pdf (Letzter Abruf: 11.06.2019)

Groß/Vogl (2016) Groß, S., Vogl, A.: " Continuous Auditing – Ein Einsatz zur zeitnahen und kontinuierlichen Prüfung", PSP, 2016 Abrufbar unter: https://docplayer.org/5378638-Continuous-auditing-ein-ansatz-zur-zeitnahen-und-kontinuierlichen-pruefung.html (Letzter Abruf: 05.06.2019)

Groß/Sellhorn (2017) Groß, S., Sellhorn, T.: „10 Thesen zur Digitalisierung der Wirtschaftsprüfung – Der Wirtschaftsprüfer 2.0 im digitalen Öko-System", PSP, 2017 Abrufbar unter: https://www.psp.eu/media/karriere/psp-muenchen_wp2_0_10-thesen-zur-digitalisierung-wirtschaftspruefung.pdf (Letzter Abruf: 05.06.2019)

Langhein et al. (2018b) Langhein, J., Kiesow, A., Thomas, O.: „Neue Beratungsperspektiven für den Wirtschaftsprüfer: Expertenbefragung zur Automatisierung von Prüfungshandlungen", 2018 Abrufbar unter: http://mkwi2018.leuphana.de/wp-content/uploads/MKWI_202.pdf (Letzter Abruf: 05.06. 2019)

Odenthal (2019) Odenthal, R.: „Praktische Aspekte der Anwendung zufallsbasierter Stichprobenverfahren im Prüfungsbereich", 2019 Abrufbar unter: https://www.roger-odenthal.de/Mitgliederbereich/downloads/Artikel_Studien/Stichprobenverfahren_Neu_19_sgn.pdf (Letzter Abruf: 11.06.2019)

Plendl (2017) Plendl, M.: „Digitale Prüfung – Die Zukunft des Audit", Deloitte, 2017 Abrufbar unter: https://www2.deloitte.com/de/de/pages/audit/articles/digitale-pruefung.html (Letzter Abruf: 05.06.2019)

Richins et al. (2016) Richins, G., Stapleton, A., Stratopoulos, T., Wong, C.: „Big Data Analytics: Opportunity or threat for the Accounting Profession, 2016 Abrufbar unter: https://ssrn.com/abstract=2813817 (Letzter Abruf: 05.06.2019)

Tang/Karim (2017) Tang, J., Karim, K.: „Analytics – Implications for the Audit Profession", The CPA Journal, 2017 Abrufbar unter: http://web.b.ebscohost.com/ehost/pdfviewer/pdfviewer?vid=1&sid=299e5b80-a99c-465e-93af-63af3cb68bcd%40sessionmgr102 (Letzter Abruf: 05.06.2019)

Wilson (2017) Wilson, J.: "Why are we still auditing on-site?", Journal of Accountancy, 2017 Abrufbar unter: https://www.journalofaccountancy.com/newsletters/2017/dec/why-auditing-on-site.html (Letzter Abruf 11.06.2019)

WPK (2019) Wirtschaftsprüferkammer: „Wirtschaftsprüfer – Ein attraktiver Beruf", 2019 Abrufbar unter: https://www.wpk.de/fileadmin/documents/Oeffentlichkeit/Publikationen/WPK-Broschuere_Wirtschaftspruefer_Beruf.pdf (Letzter Abruf: 05.06.2019)

Fachbücher

Amschler (2017) Amschler, A.: „Empirische Untersuchung der Konzentrationsentwicklung im deutschen Prüfungsmarkt", Diss., Johannes-Guttenberg-Universität, Mainz, 2017

Arbeitskreis Externe u. Interne Überwachung der Unternehmung (2017) Arbeitskreis Externe und Interne Überwachung der Unternehmung der Schmalenbach-Gesellschaft für Betriebswirtschaft e.V.: „Einfluss der Digitalisierung auf Wirtschaftsprüfung und Interne Revision" in: Krause, S., Pellens, B. (Hrsg.): „Betriebswirtschaftliche Implikationen der digitalen Transformation", 1. Aufl. Wiesbaden 2017, Springer Gabler

Beck Bil-Komm/Schmidt (2018) Schmidt, S. in: Grottel, B.: „Beck'scher Bilanzkommentar", 11. Aufl. 2018, C.H.Beck

Elster (2018) Elster, H.: „Das Zusammenwirken von Unternehmen und Steuerberatern/Wirtschaftsprüfern als Erfolgsfaktor auf dem Weg ins digitale Zeitalter" in: Bär, C., Grädler, T., Mayr, R. (Hrsg.): „Digitalisierung im Spannungsfeld von Politik, Wirtschaft, Wissenschaft und Recht, 1. Bd.", 1. Aufl. Berlin 2018, Springer Gabler

Literaturverzeichnis

Fallenbeck/Eckert (2017) Fallenbeck, N., Eckert, C.: „IT-Sicherheit und Cloud Computing" in: Vogel-Heuser, B., Bauernhansl, T., Hompel, M. (Hrsg.): „Handbuch Industrie 4.0 Bd. 4 – Allgemeine Grundlagen", 2. Aufl. Berlin 2017, Springer Vieweg

Hanschke (2018) Hanschke, I.: „Digitalisierung und Industrie 4.0 – einfach und effektiv: Systematisch und lean die Digitale Transformation meistern", 1. Aufl. München 2018, Carl Hanser Verlag

IDW (2017) Institut der Wirtschaftsprüfer: „Wirtschaftsprüferhandbuch", 15. Aufl. Düsseldorf, 2017, IDW Verlag

Jahn (2017) Jahn, M.: „Industrie 4.0 konkret – Ein Wegweiser in die Praxis", 1. Aufl. Wiesbaden 2017, Springer Gabler

Kiesow (2017) Kiesow, A.: „Audit-as-a-service – Gestaltung von Informationssystemen zur kontinuierlichen und digitalen Prüfung rechnungslegungsrelevanter Prozesse", Diss., Universität Osnabrück, 2017

Lissen et al. (2014) Lissen, N., Brünger, C., Damhorst, S.: "IT-Services in der Cloud und ISAE 3402- Ein praxisorientierter Leitfaden für eine erfolgreiche Auditierung", 1. Aufl. Berlin 2014, Springer Gabler

Mertens et al. (2017) Mertens, P., Barbian, D., Baier, S.: "Digitalisierung und Industrie 4.0 – eine Relativierung", 1. Aufl. Wiesbaden 2017, Springer Vieweg

Naumann/Feld (2018) Naumann, K., Feld, K.: „Value Added-Potenziale der Digitalisierung in der Wirtschaftsprüfung" in: Bär, C., Grädler, T., Mayr, R. (Hrsg.): „Digitalisierung im Spannungsfeld von Politik, Wirtschaft, Wissenschaft und Recht, 1. Bd.", 1. Aufl. Berlin 2018, Springer Gabler

Obermaier (2017) Obermaier, R. (Hrsg.): „Industrie 4.0 als unternehmerische Gestaltungsaufgabe – Betriebswirtschaftliche, technische und rechtliche Herausforderungen", 2. Aufl. Wiesbaden 2017, Springer Gabler

Oswald/Krcmar (2018) Oswald, G., Krcmar, H.: „Digitale Transformation – Fallbeispiele und Branchenanalysen", 1. Aufl. Wiesbaden 2018, Springer Gabler

Peters/Nauroth (2019) Peters, R., Nauroth, M.: „Process-Mining – Geschäftsprozesse: smart, schnell und einfach", 1. Aufl. Wiesbaden 2019, Springer Gabler

Schallmo (2016) Schallmo, D.: „Jetzt digital transformieren", 1. Aufl. Wiesbaden 2016, Springer Gabler

Vogel-Heuser et al. (2017) Vogel-Heuser, B., Bauernhansl, T., Hompel, M. (Hrsg.): „Handbuch Industrie 4.0 Bd. 4 – Allgemeine Grundlagen", 2. Aufl. Berlin 2017, Springer Vieweg

Zaeh (2018) Zaeh, P.: „Abschlussprüfung 2.0" in: Velte, P., Müller, S., Weber, S., Sassen, R., Mammen, A.: „Rechnungslegung, Steuern, Corporate Governance, Wirtschaftsprüfung und Controlling", 1. Aufl. Wiesbaden 2018, Springer Gabler

Ziegler et al. (2018) Ziegler, G., Veidt, R., Spang, H.: Digitalisierung in der Wirtschaftsprüfung – Perspektive der Wirtschaftsprüferkammer" in: Bär, C., Grädler, T., Mayr, R. (Hrsg.): „Digitalisierung im Spannungsfeld von Politik, Wirtschaft, Wissenschaft und Recht, 1. Bd.", 1. Aufl. Berlin 2018, Springer Gabler

Standards

IDW PS 200 IDW Prüfungsstandard: „Ziele und allgemeine Grundsätze der Durchführung von Abschlussprüfungen", IDW Verlautbarungen, Stand Juni 2015

IDW PS 201 IDW Prüfungsstandard: „Rechnungslegungs- und Prüfungsgrundsätze", IDW Verlautbarungen, Stand März 2015

IDW PS 210 IDW Prüfungsstandard: „Zur Aufdeckung von Unregelmäßigkeiten im Rahmen der Abschlussprüfung", IDW Verlautbarungen, Stand Dezember 2012

IDW PS 270 IDW Prüfungsstandard: „Die Beurteilung der Fortführung der Unternehmenstätigkeit im Rahmen der Abschlussprüfung", IDW Verlautbarungen, Stand September 2010

IDW PS 300 IDW Prüfungsstandard: „Prüfungsnachweise im Rahmen der Abschlussprüfung", IDW Verlautbarungen, Stand Juni 2016

IDW PS 310 IDW Prüfungsstandard: „Repräsentative Auswahlverfahren (Stichproben) in der Abschlussprüfung", IDW Verlautbarungen, Stand Juni 2016

IDW PS 330 IDW Prüfungsstandard: „Abschlussprüfung beim Einsatz von Informationstechnologie", IDW Verlautbarungen, Stand September 2002

IDW PS 951 IDW Prüfungsstandard: „Prüfung von Dienstleistern bei Outsourcing und Cloud Computing", IDW Verlautbarungen 67. EL Stand Oktober 2013

ISA 330 International Standards on Auditing: „The Auditor's responses to assessed risk", IFAC, Stand Juni 2019

ISAE 3402 International Standards on Auditing: „Assurance Reports on Controls at a Service Organization", IFAC, Stand Juni 2019